まぜる・発酵・焼く

ぜんぶ容器ひとつでできる！
ホーローでつくるパンレシピ

藤田 裕子 著

ナツメ社

ホーローパンではじめる
ふわっともっちり、パン生活。

「おいしい手作りパンをもっと手軽に作りたい！」
そんな声にこたえて、ホーローパンは誕生しました。
必要な道具はホーロー容器とカードだけ。
こねずに「のばしてたたむ」レシピだから、初心者でも失敗知らずです。
焼きたてはもちろん、翌日もふわっともっちりが続きます！

ホーローパンのここがすごい！

一度作ったら、またすぐ焼きたくなる、それがホーローパン！
みなさんに知ってほしい、ホーローパンの魅力をまとめました。

1 ホーローひとつで計量から焼き上げまでOK

パン作りに必要な、こね台、ボウル、焼き型がいりません。すべてホーロー容器ひとつの中で完結。容器にはふたがついているので、ラップや布巾なども不要！

2 道具、スペースが最小限で済む

ホーロー容器ひとつと、混ぜる・のばす・切るに使える樹脂製のカードがあればOK。テーブルの上に広いスペースを空ける必要もありません。

3 洗い物が少ない、だからラク！

使う道具が少ないので必然的に洗い物が最小限。大きな天板を洗う必要もありません。またホーロー容器は汚れがつきにくく、焦げついてもぬるま湯に重曹と一緒につけておくだけでスルリと取れます。

4 朝起きて、常温に戻すだけでパンが焼ける！

朝は冷蔵庫から出し、室温に戻したら、成形などの手間をかけず、すぐオーブンで焼けます（仕上げのトッピングなどをする場合はあります）。忙しい朝にバタバタ作業をすることなく、焼きたてパンが食べられる！

5 はじめての人でも失敗なく おいしく作れる

少なめのイーストで作るので、発酵のスピードはゆっくり。パン作りがはじめての人でも、あわてることなく作業ができます。そして冷蔵庫でゆっくり発酵させる（冷蔵長時間発酵）ことで醸される風味が、ワンランク上の仕上がりをお約束します。

6 こねない、力がいらない、手が汚れない

材料をカードで混ぜたら、生地を休ませながら"のばしてたたむ"だけ。力も時間もかかる"こねる"作業は一切ナシ！　丸めたり形を整える作業も、基本はたたむだけ。手がベタベタになることもありません。

7 ふっくら、しっとり食感が長持ち

焼きたてパンがおいしいのは当たり前。ホーローパンなら、時間をかけて発酵させている分、小麦の内部まで水が浸透し（水和）、焼き上がったパンのしっとりが翌日以降も長続きします。

8 ホーローに入れたまま 保存＆持ち運びOK

焼いた後はホーローを保存容器としてパンの保存ができます。また、焼く前のパン生地を入れたまま移動させ、外出先で焼くことも可能。こんなことができるのはホーローパンだけ！

まぜる・発酵・焼く ぜんぶ容器ひとつでできる！
ホーローでつくるパンレシピ　CONTENTS

- ホーローパンのここがすごい！ ……… 4
- はじめに ………………………… 8
- 本書の使い方 …………………… 9
- ホーローパンで使う基本の道具 …… 14
- ホーローパンで使う基本の材料 …… 15

STEP 1　フォカッチャ……16

Basic

基本のフォカッチャを作ろう……18

Variation

ドライフルーツとくるみのフォカッチャ	トマト＆ハーブのフォカッチャ	季節の野菜のフォカッチャ	雑穀のフォカッチャ	きのこのグラタンパン
26	28	29	30	31

お好み焼き風フォカッチャ	照り焼きチキンのフォカッチャ	コーン＆マヨのフォカッチャ	カンパーニュのサンドイッチ	モカチョコマシュマロパン
32	33	34	34	36

シュガーバターのフォカッチャ	いちご＆クリームチーズのフォカッチャ	りんごと紅茶のフォカッチャ	メープルとペカンナッツのフォカッチャ	抹茶のお宝パン
38	39	40	41	42

STEP 2 ちぎりパン……46

[Basic] 基本のちぎりパンを作ろう………48

[Variation]

全粒粉の くるみパン	レーズン&シナモン のちぎりパン	4種のベリーの パン	トマトとベーコン のちぎりパン	くるくる カレーロール	黒ごまとチーズの ちぎりパン
56	58	59	60	62	64
カマンベールの ちぎりパン	しらすのり バターパン	くるくる梅しそ 昆布パン	ハムマヨ ちぎりパン	ちくわ ツナマヨパン	ちぎり チョコパン
65	66	66	68	70	72
黒糖黒豆 きな粉パン	くるくるシナモン シュガーパン	トロピカル・ ココナッツパン	いちごミルクの ちぎりパン	2色の おさつパン	

72	74	76	78	80	

[STEP UP!] 塩バターパンを作ろう………82

ホーローパン Q&A……………………90
ホーローパン保存と温め直し…………91
ホーロー容器の特徴とお手入れ………92
パン作りの材料……………………94

はじめに

ホーローひとつでパンが焼ける
新しいパン作りのカタチ

「焼きたてのパンがおうちで焼けたら最高だな」そんな願いをもちつつ、「パン作りはむずかしい」「時間がかかって大変」「道具や場所の確保が大変そう」と、パン作りをあきらめていませんか。
"魔法のホーローパン"は、そんなみなさんの願いを叶えるために誕生しました。

● **手軽で**　● **おいしくて**　● **朝は焼くだけ**

　　　３つのキーワードを実現すべく、試行錯誤を重ねて生まれたのが"魔法のホーローパン"です。
　ホーローパンの最大の特徴は、こねないのに、「ふんわり・もっちり・翌日もしっとり」という驚きのおいしさを実現したところ。
　粉の風味、食感などにも妥協せず、とにかく"製法"にこだわりました。だから、パン作りをしたことがある人は、はじめは「こねない」作り方に少し戸惑うかもしれません。
　でも、やってみると超ラクちん！　そのおいしさと手軽さは、すでに多くの生徒さんで実証済みです。
　ホーローパンは、藤田裕子がたくさんのプロから学んだ知識・技術をつめこんだオリジナルメソッドです。開発にあたり、背中を押してくださったロティ・オラン 堀田誠先生、親愛なる神林慎吾シェフ、nichinichi 川島善行シェフをはじめとするプロの先生がたに、この場をお借りして厚く御礼申し上げます。
「ホーロー容器ひとつで、朝、焼きたてのパンが手軽に食べられる！」
　まるで夢のような本当の話です。さあ、あなたもホーローひとつで、おいしい手作りパン生活を楽しみましょう！

藤田裕子

本書の使い方

＊計量について

砂糖、塩、ドライイースト、油は大さじ（15ml）、小さじ（5ml）、小さじ½（2.5ml）の計量スプーンを使って計りますが、それ以外はすべて「g」で計量しています。特に水分量はデジタルスケールで正確に計りましょう。

＊粉について

本書では、こねずに副材料（卵や牛乳など）を入れないで作るホーローパンに適した強力粉として、国産の『はるゆたかブレンド』を使用しています。それ以外の強力粉でも作ることができますが、味わいや生地の弾力は変わってきます。たとえば『日清カメリア』を使うと生地に弾力が出やすく、混ぜるのに力がいります。小麦粉はいろいろな品種や種類があるので、状態を見ながら水分量は調節してください。

＊仕込み水について

パンはこね上がったときに冷たくなっているとイーストがうまく働きません。そのため生地を作るときに使う水は『仕込み水』と呼んで、こね上がった生地の温度が25℃前後になるように用意します。室温に準じ、下記を目安に用意しましょう。

春・秋	室温が25℃の場合	仕込み水 25℃ 常温のまま
冬	室温が25℃以下の場合	仕込み水 35℃ 電子レンジ（600W）で40秒ほど加熱
夏	室温が25℃以上の場合	仕込み水 15℃ 仕込み水の30gを氷にする

＊オーブンについて

オーブンの温度、焼き時間は電気オーブンを基本にしています。予熱で200℃以上が設定できない場合は、オーブンの焼き時間を200℃以上に設定して5～10分加熱し、その後、指定の温度に下げて焼いてください。オーブンにはクセがあるので、温度や焼き時間はあくまでも参考に、様子を見ながら調整しましょう。

＊オーブンシートについて

ホーローパンは容器にバターまたは油を塗ってから焼くので、基本的にオーブンシートを敷く必要はありません。ただし、生地に多めに砂糖を加えたり、チョコなどの焦げつきやすいものが入っていたり、油脂ゼロのパンは焦げつきやすいのでオーブンシートを敷いておくと取り出しやすくなります。

オーブンシートの敷き方

ホーロー容器の底面よりも4～5cm大きく、オーブンシートを切る。

ホーロー容器の底の大きさに合わせて、オーブンシートを折る。点線の位置に切り込みを入れる。

ホーロー容器にきっちりと敷き込む。

ホーローパンを作ってみた！ パン作り初心者A子さんの場合

ホーローパンを作ってみた！　パン作り経験者B子さんの場合

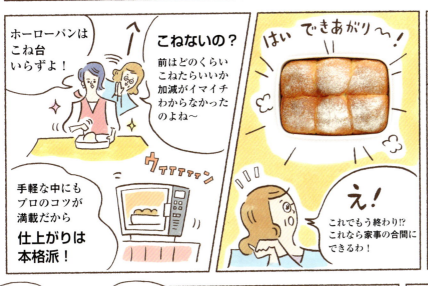

ホーローパンで使う
基本の道具

少ない道具でできるのがホーローパンのメリット！
パン専用の特別な道具はひとつも必要ありません。

■ **ホーロー容器**
本書では富士ホーローの浅型Lサイズ（縦17×横23.5×高さ5.5cm、容量1.6ℓ）を使用。材料を計る、混ぜる、休ませるをすべてこの中で行い、焼くときもこれひとつで。

■ **カード**
樹脂製のカード。生地を混ぜたり、分割したり、容器から取り出すときにも活躍。なければゴムベラで代用可。

■ **計量スプーン**
大さじ15ml、小さじ5ml、小さじ½ 2.5ml。砂糖、塩、ドライイースト、油を計るときに使う。

■ **デジタルスケール**
粉類や液体を計ったり、生地を分割するときに使う。1g単位で、最大1kgまで計れるデジタル式のものがよい。

■ **計量カップ**
パン作りは水分量が重要なので、液体もスケールで計るのが基本。計量に慣れてきたら粉類を入れた容器をスケールにのせ、そこに直接液体を注げばOK。計量カップは目安を計るために使う。

■ **タイマー**
生地を休ませる時間を計る際に、あると便利。

その他・あると便利な道具

■ **ケーキクーラー**
焼き上がったパンを冷ますときに使う。

■ **オーブンシート**
焦げつきやすい生地のとき、ホーロー容器に敷く。

■ **キッチンバサミ**
生地に切り込みを入れるときに使用。

■ **めん棒・こね台・布巾**
塩バターロールパン（P.82～）を作るときに使う。

ホーローパンで使う
基本の材料

ベースの生地に使う材料は、飽きのこない
シンプルな小麦の味が楽しめる組み合わせです。

■ 強力粉
本書では国産の『はるゆたかブレンド』を使用。カード1枚でも水と混ぜやすく、風味豊かで甘みのあるパンに仕上がる（詳しくはP.9 粉について）。

■ きび砂糖
ミネラル分を多く含み、風味が豊か。しっとりとして扱いやすい。ない場合は上白糖で代用可。

■ 粗塩
天然塩とも呼ばれ、旨みが豊富。甘いパンでも必ず使う。少量でも味を左右するのでしっかり計量すること。

■ インスタントドライイースト
粉と一緒に混ぜて使う。初心者でも扱いやすく、膨らみが均一なのでおすすめ。開封後は密閉し冷凍庫で保存。

■ 水
パン作りの場合、仕込み水といって気温に合わせて温度を調節する（P.9参照）。スケールで計って加える。

■ 油脂（オリーブオイル・白ごま油など）
オリーブオイルや、くせの少ない白ごま油、菜種油を使用。パンを歯切れよくしっとりと仕上げる。

■ バター
食塩不使用と、有塩の2種類があるが、パン作りには食塩不使用を使う。ない場合は少量のため有塩でも可。

＊バリエーションで使用するその他の材料についてはP.94〜95をご覧ください。

STEP 1

フォカッチャ

フォカッチャとはイタリア北部が発祥とされるパンで、
ピザの原型ともいわれているパンです。
丸めたりする必要がなく、シンプルな材料で作れるので、
パン作り初心者さんは、まずはここから始めましょう。
慣れてきたら上に具をのせたり、具を混ぜ込んだり
バリエーションを楽しんで！

混ぜる 約3分	休ませる❶ 15分	休ませる❷ 15分	休ませる❸ 15分	休ませる❹ 15分	形を整える	冷蔵庫 8〜15時間	室温に戻す 30〜60分	焼く 20〜25分

のばしてたたむ❶ 約30秒 / のばしてたたむ❷ 約30秒 / のばしてたたむ❸ 約30秒

基本のフォカッチャを作ろう

シンプルで飽きのこない、ふかふかタイプのフォカッチャ。
手軽に作れて、翌日もしっとりもっちりしているのが特徴です。
水分量が多いので、手で触ったりこねたりはせず、
すべてホーロー容器の中で、カードを使って行います。

材料を用意する・こね始め

1 材料を用意する

それぞれをおく場所はどこでもOK！

2 粉類を容器に入れる
Aの材料をホーロー容器に入れる。

3 粉類を混ぜる
2をカードでムラなく、均一に混ぜ合わせる。

材料（ホーロー浅型Lサイズ1個分）

A	強力粉	250g
	きび砂糖	大さじ1
	塩	小さじ1
	インスタントドライイースト	小さじ½

B	仕込み水	200g*
	オリーブオイル	大さじ1
トッピング用		
	オリーブオイル	大さじ2
	粗塩	小さじ1

＊室温25℃のときは仕込み水温度25℃とする（詳しくはP.9参照）。

4 溝を作る
3の中央にカードを縦にして、カード1枚分の溝を作る。

カードを何度か往復させて長方形の溝を作る。

5 液体を注ぐ
4の溝に、Bの仕込み水、オリーブオイルの順で注ぐ。

6 粉類と液体を混ぜ合わせる
カードを使って、粉類と液体を混ぜ合わせる。カードを生地にすりつけるようにして水分をなじませる。

容器のフチはキレイをキープ！

四端に粉がたまりやすいので、カードで容器のフチをなぞり、粉っぽさをなくす。

休ませる1回目〜のばしてたたむ1回目

7 生地を休ませる
3分ほど混ぜて粉っぽさがなくなったら、ふたをして15分、室温で休ませる。

8 カードを差し込む
15分休ませたらホーロー容器のふたを外して横にし、生地の右側からカードを差し込む。

9 生地をのばしてたたむ
生地の右半分をカードですくい上げ、できるだけ高くのばし、中央に向かってカードを倒し、生地を折りたたむ。

1回目の混ぜ終わりは生地がごつごつしてなめらかでなくても大丈夫！徐々につややかに変化していきます。

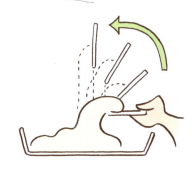

すくい始めは水平。生地の半分くらいをカードの上にのせ、徐々に90°に立てていく。

休ませる2回目

すくうのは常に右から（右ききの場合）

10 四辺、四隅をのばしてたたむ

ホーロー容器を反時計回りに回しながら、生地の右側からカードですくい上げ、四辺、四隅をのばしてたたむ。

11 反時計回りにのばしてたたむ

生地が引き締まってのびなくなるまで、**10**ののばしてたたむ作業を反時計回りに2～3周し、折り重ねるように丸くたたむ。

常温で **15**分

12 15分休ませる

ふたをして<u>15分</u>、室温で休ませる。

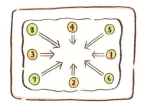

ホーロー容器を回しながら上の図の順にたたんでいく。

だんだん生地が弾力のあるポテッとしたかたまりになる。

生地がのびなくなってきたら終わりの合図！

のばしてたたむ2回目〜休ませる4回目

2回目の
のばしてたたむ作業は、
1回目ほどのびません

13 のばしてたたむ2回目
10〜11ののばしてたたむ作業をもう一度行う。

常温で **15分**

14 休ませる3回目
ふたをして15分、室温で休ませる。

無理にのばそうとすると
せっかくつながったグルテンが
ちぎれてしまうので、
弾力が出たらやめる

15 のばしてたたむ3回目
のばしてたたむ作業をもう一度行う。

常温で **15分**

16 休ませる4回目
ふたをして15分、室温で休ませる。

17 生地を取り出す
ふたを外し、カードで生地を持ち上げながらふたの上に生地を取り出す。

底だけでなく、
側面にも
しっかりと

18 油脂を塗る
ホーロー容器に残った生地があったらカードで集めて取り出す。冷えたバター1片（または好みの油脂小さじ1・分量外）をラップなどで包んで持ち、容器の内側に塗る。

小さなボウルを用意し、指先をぬらしながら行うと指に生地がつかない。

冷蔵庫と常温で発酵

19 形を整える
ふたの上の生地をのばしてたたみ、ひとかたまりにする。

この作業で生地のキレイな面が表にくる

20 容器を裏返す
生地がのったふたに、ホーロー容器をしっかりとかぶせ、容器の上下をひっくり返す。

中央が膨らみやすいのでへこませておく

21 生地の中央をへこませる
ホーロー容器に生地が落ちたら、ふたを外し指先を水でぬらして生地の中央を低めにしてならす。

冷蔵庫で **8〜15** 時間

22 冷蔵庫で発酵
ふたをして、冷蔵庫でゆっくり発酵させる。(8〜15時間程度が目安)

23 冷蔵庫から取り出す
焼きたい時間の30分〜1時間前に、冷蔵庫から取り出す。(あまり膨らんでいない場合→P.90参照)

常温で **30〜60** 分

24 常温で発酵
室温におき、ホーロー容器の高さの8割くらいまで生地が膨らんできたら、焼くタイミング。

冷蔵庫から出したて（右）と、焼く直前（左）の生地の状態。焼く直前は生地の一部がふたに当たっていることも。（ふたにべったりくっついてしまった場合→P.90参照）

トッピングをする

25 オイルを回しかける
生地全体に、トッピング用のオリーブオイルを回しかける。

26 指で穴を開ける
人差し指を垂直に底まで入れ、縦に4つ、横に3つ、合計12カ所穴を開ける。

27 粗塩をふる
穴を開けたところに、粗塩を均等にふる。

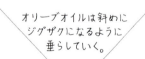
オリーブオイルは斜めにジグザクになるように垂らしていく。

生地が膨らんで気泡になったところはキッチンバサミで切る。好みでこのままで焼いてもOK。

気泡をつぶさないで焼くと、カリカリの風船がたくさんできた状態になります。

焼く〜容器から外す

オーブンは高温でしっかり予熱しておくこと！

少しずつ指を入れ、容器から生地をはがす

28 200℃で20〜25分焼く
230℃で予熱しておいたオーブンを200℃に設定し、ホーロー容器を天板にのせ、こんがりと焼き色がつくまで20〜25分焼く。

29 容器の底を叩く
取り出したらホーロー容器の底をポンポンと2〜3回叩いて衝撃を与え、中の水蒸気を抜く。

30 パンを容器から外す
網の上にのせ、20分ほど冷まします。カードを四辺に回し入れ、指をパンと容器の間に差し入れ、取り出す。

取り出したらすぐに容器の底を叩くのは、熱い蒸気を抜くため。これで生地がしぼむのを防ぎます。

パンを網の上にのせ、粗熱が取れたら切り分ける。（保存する場合はP.91参照）

ドライフルーツは熱湯にくぐらせて水気をとり、
赤ワインに漬け込んでおくとしっとりジューシーに。
具がゴロゴロしても、ホーロー容器の中なのでこぼれ落ちる心配なし！
フレッシュチーズや、白カビ系のチーズと一緒にどうぞ。

ドライフルーツとくるみのフォカッチャ

● 材料(ホーロー浅型 L サイズ 1 個分)

A| 強力粉 ……………………… 250g
 | きび砂糖 …………… 大さじ 1
 | 塩 …………………… 小さじ 1
 | インスタントドライイースト
 | ……………………… 小さじ ½
B| 仕込み水 ………………… 200g
 | 白ごま油 …………… 大さじ 1
ドライいちじく ……………… 80g
カレンズ(ドライ)…………… 45g
クランベリー(ドライ)……… 25g
赤ワイン……………… 大さじ 1
くるみ(生)………………………80g

● 作り方

1 具の準備・生地を作る

ドライフルーツは熱湯をかけて、水気をきる。ポリ袋に赤ワインとともに入れて密閉し、一晩以上漬ける。

基本のフォカッチャ(P.19〜21)を参照して **1**〜**12** まで作る。

2 具を混ぜる

生地の上に汁気をきったドライフルーツ、くるみを広げて軽く押しつけ具を混ぜる(**POINT A**)。基本のフォカッチャ(P.22〜23)を参照して **14**〜**18** まで作ったら手を水でぬらし、生地のきれいな面を上に、とじ目を下に丸め直して容器に入れる(**POINT B**)。あとは基本のフォカッチャ(P.23)を参照して **22**〜**24** まで作る。

3 焼く

生地の表面に、茶こしで強力粉をふりかける(**POINT C**)。250℃で予熱しておいたオーブンを230℃に設定して10分焼き、210℃に下げて15〜20分焼く。網の上に取り出し、粗熱をとる。カードを使って容器から生地をはがすようにして取り出し、網の上で冷ます。

POINT A

生地の上に具を広げ、手で押しつける。カードで半分に切り分け、生地の半分を残りの上に重ねる。

さらに半分に切り、生地を上に重ねる。

POINT B

生地を裏返し、具が見えなくなるように生地をのばして丸める。

ホーロー容器に入れ、指先をぬらして表面を平らに整える。フルーツが生地の表面に出ているところげるので、下に押し込む。

POINT C

甘みが凝縮された自家製セミドライトマトが絶品!
好みで市販のオリーブや生にんにくのスライスを飾って焼き上げても。
洋食の献立にぴったりのテーブルブレッドです。

トマト&ハーブのフォカッチャ

● 材料(ホーロー浅型Lサイズ1個分)

A 強力粉 ……………… 250g
　きび砂糖 …………… 大さじ1
　塩 …………………… 小さじ1
　インスタントドライイースト
　　　　　　　　　…… 小さじ½
B 仕込み水 …………… 200g
　オリーブオイル …… 大さじ1
トッピング用
　オリーブオイル …… 大さじ2
　粗塩 ……………………… 適量
　自家製ドライトマト
　　　　……… 12個(右記参照)
　好みのハーブ
　　(ローズマリー、タイムなど)… 適量

● 作り方

1 生地を作る
基本のフォカッチャ(P.19〜23)を参照して **1〜24** まで作る。

2 具をのせる
基本のフォカッチャ(P.24)の **25〜27** を参照してオリーブオイルをかけて穴を開け、穴に粗塩とドライトマトを埋め込む。

3 焼く
230℃で予熱しておいたオーブンを200℃に設定し、おいしそうな焼き色がつくまで20〜25分焼く。網の上に取り出し、粗熱をとる。カードを使って容器から生地をはがすようにして取り出し、網の上で冷ます。

4 仕上げ
トマトの穴にハーブを飾る。

自家製セミドライトマトの作り方

ミニトマト、粗塩、オリーブオイル…各適量

1 ミニトマトを横半分にカットし、天板の上にオーブンシートを敷いてのせる。粗塩をふる。
2 100℃のオーブンで、トマトの表面が乾燥するまで90分ほど乾燥焼きする。
3 保存する場合は瓶などに詰めてオリーブオイルを注ぐ。冷蔵で1週間保存可。

POINT
セミドライトマトは、指で開けた穴の中にしっかりと押し込むこと。焼いている間に膨らんで穴からこぼれ出てしまうことがあるため。

野菜を塩麹でマリネしておくことで野菜の旨味が引き立ちます。オーブンでじっくり火を通すと甘くなるかぼちゃや、きのこ類もおすすめ。

 ## 季節の野菜のフォカッチャ

● **材料**（ホーロー浅型Lサイズ1個分）

A｜ 強力粉 ……………………250g
　 きび砂糖 ……………… 大さじ1
　 塩 ……………………… 小さじ1
　 インスタントドライイースト
　 …………………………… 小さじ½

B｜ 仕込み水 ………………200g
　 オリーブオイル ……… 大さじ1

季節の野菜（パプリカ、れんこん、
　紫玉ねぎ、ズッキーニなど）…130g
塩麹 …………………………… 大さじ1
おろしにんにく ……… 小さじ½
オリーブオイル ………… 大さじ2

● **作り方**

1 生地を作る・具の準備
基本のフォカッチャ（P.19〜23）を参照して **1〜24** まで作る。
生地を室温に戻している間に、具の準備をする。野菜はすべて3㎜幅の薄切りにし、塩麹、おろしにんにくで和える（**POINT**）。

2 具をのせる
生地の上に具をのせ、オリーブオイルを回しかける。

3 焼く
230℃で予熱しておいたオーブンを200℃に設定し、おいしそうな焼き色がつくまで20〜25分焼く（途中野菜が焦げそうなら、アルミホイルをかける）。網の上に取り出し、粗熱をとる。カードを使って容器から生地をはがすようにして取り出し、網の上で冷ます。

POINT
野菜は同じ厚さにスライスし、塩麹とおろしにんにくで和えてしばらくおき、汁気をきって生地の上に平らにのせる。

雑穀のプチプチ食感が
楽しい和風フォカッチャ。
具材を挟んで頬張ると、
まるでおにぎり感覚！！
仕上げにかける塩は控えめにして、
あんこなど甘いものを挟んでも。

雑穀のフォカッチャ

● **材料**（ホーロー浅型Lサイズ1個分）

- A
  - 強力粉 …………………… 250g
  - きび砂糖 ………………… 大さじ1
  - 塩 ………………………… 小さじ1
  - インスタントドライイースト
    ………………………… 小さじ½
- B
  - 仕込み水 ………………… 200g
  - 白ごま油 ………………… 大さじ1
- 雑穀ミックス（乾燥） ………… 30g
- 粗塩 ………………………… 適量

● **作り方**

1　具の準備・生地を作る
具の準備をする。雑穀ミックスはたっぷりのお湯で10分ほどゆでて水気をきる（**POINT A**）。
基本のフォカッチャ（P.19〜23）を参照して **1〜12** まで作る。

2　具を混ぜる
生地の上に雑穀ミックスを広げて軽く押しつけ、混ぜる（**POINT B**）。
基本のフォカッチャ（P.22〜24）を参照して **13〜24** まで作り、指で12カ所穴を開け、粗塩をふる。

3　焼く
230℃で予熱しておいたオーブンを200℃に設定し、おいしそうな焼き色がつくまで20〜25分焼く。網の上に取り出し、粗熱をとる。カードを使って容器から生地をはがすようにして取り出し、網の上で冷ます。

POINT A

雑穀ミックスはそのまま入れるとかたく、パン生地の水分を吸ってしまうので、あらかじめやわらかくゆでておく。

POINT B

生地の上に雑穀ミックスをのせたら、指先かカードで上から押さえて生地に埋め込む。こうすることで持ち上げたときに具がこぼれ落ちるのを防ぐ。

ホーロー容器を回転させて、四辺、四隅をのばしてたたみ、最終的に丸くまとめる。

きのこの グラタンパン

グラタンパンは自家製の
シチューを煮詰めてのせてもよいですが、
水気が多いと生地が沈み、
パンが生焼けに。
市販のホワイトソース缶を使えば
簡単でおいしくできます。

● 材料（ホーロー浅型Lサイズ1個分）

A｜強力粉 ……………………250g
　｜きび砂糖 ……………… 大さじ1
　｜塩 ………………………… 小さじ1
　｜インスタントドライイースト
　｜　……………………… 小さじ½
B｜仕込み水 …………………200g
　｜白ごま油 ……………… 大さじ1
玉ねぎ ………………………………50g
しめじ ………………………………40g
ホワイトソース缶 …………100g
ピザ用チーズ ………………………40g
バター ………………………………10g
パン粉、パセリ ………… 各適量

● 作り方

1　生地を作る・具の準備

基本のフォカッチャ（P.19〜23）を参照して **1〜24** まで作る。
生地を室温に戻している間に、具の準備をする。玉ねぎは薄切り、しめじは石づきを取ってほぐす。

2　具をのせる

生地の中央に玉ねぎ→しめじ→ホワイトソース缶の順にのせ、最後にピザ用チーズ、パン粉を散らし、小さく切ったバターをのせる（ POINT A ）。

3　焼く

230℃で予熱しておいたオーブンを200℃に設定し、おいしそうな焼き色がつくまで25〜30分焼く。網の上に取り出し、粗熱をとる。カードを使って容器から生地をはがすようにして取り出し、網の上で冷ます。

4　仕上げ

みじん切りしたパセリをふりかける。

POINT A

野菜の上にソースをのせ、チーズ、パン粉を散らす。具はパンのフチの部分にのせないようにすること。

パン粉の上にバターをちぎってのせると、パン粉にこんがりときれいな焼き色がつく。

お好み焼きソースと マヨネーズが もっちりフォカッチャと出会って まるで お好み焼きの おいしさ♡

このパンがひとつあれば、野菜もお肉も一度に食べられる、オールインワンのバランス栄養食！
お好み焼き同様、食べ応えも満点です。

お好み焼き風フォカッチャ

● 材料（ホーロー浅型Lサイズ1個分）

A| 強力粉 ……………………… 250g
　 きび砂糖 …………… 大さじ1
　 塩 ………………… 小さじ1
　 インスタントドライイースト
　　　　　　　　 ……… 小さじ½
B| 仕込み水 …………… 200g
　 白ごま油 …………… 大さじ1
豚バラ肉 ……………………… 100g
キャベツ ……………………… 50g
白ごま油 ……………… 大さじ1
お好み焼きソース、マヨネーズ、
　削り節、青のり ……… 各適量
ねぎ（青い部分） ……… 20g
紅しょうが ……………… 15g

● 作り方

1 生地を作る・具の準備

基本のフォカッチャ（P.19～23）をを参照して **1～24**まで作る。
生地を室温に戻している間に、具の準備をする。豚バラ肉は12cmほどの長さに切り、キャベツはせん切りにする。ねぎは小口切りにする。

2 具をのせる

生地のフチ3cmほどを残してキャベツを広げ、豚バラ肉を並べ、白ごま油を表面に回しかける。

3 焼く

230℃で予熱しておいたオーブンを200℃に設定し、おいしそうな焼き色がつくまで25～30分焼く。網の上に取り出し、粗熱をとる。
カードを使って容器から生地をはがすようにして取り出し、網の上で冷ます。

4 仕上げ

お好み焼きソース、マヨネーズを格子状にかけ、削り節をふりかける。ねぎ、紅しょうがを中央にのせる。

POINT

豚バラ肉が焼いた後、カサカサにならないように、ごま油を回しかける。このひと手間でジューシーに。

照り焼きバーガーにヒントを得て、作ってみました。
照り焼きだれとマヨネーズの相性もばっちり！
唐辛子で味を引き締めます。

照り焼きチキンのフォカッチャ

● 材料（ホーロー浅型Lサイズ1個分）

A
- 強力粉 …………………… 250g
- きび砂糖 …………… 大さじ1
- 塩 ………………… 小さじ1
- インスタントドライイースト
  …………………… 小さじ½

B
- 仕込み水 ………………… 200g
- 白ごま油 …………… 大さじ1

鶏もも・焼きとり（市販）……100g
ねぎ（白い部分）……………… 50g
焼きとりのたれ（市販）……… 30g
マヨネーズ ……………………… 30g
細ねぎ ……………………………… 1本
七味唐辛子、糸唐辛子 …… 各適量

● 作り方

1 生地を作る・具の準備
基本のフォカッチャ（P.19〜23）を参照して **1〜24** まで作る。
生地を室温に戻している間に、具の準備をする。焼きとりは串から外す。ねぎはせん切りにする。焼きとりのたれは少し煮詰めてぽってりとするまで煮詰める（**POINT A**）。細ねぎは小口切りにする。

2 具をのせる
生地の上にねぎを散らし、焼きとりを中央にのせ、焼きとりのたれ、マヨネーズを格子状にかける（**POINT B**）。

3 焼く
230℃で予熱しておいたオーブンを200℃に設定し、おいしそうな焼き色がつくまで25〜30分焼く。網の上に取り出し、粗熱をとる。カードを使って容器から生地をはがすようにして取り出し、網の上で冷ます。

4 仕上げ
細ねぎを散らし、七味唐辛子をふり、中央に糸唐辛子を盛る。

POINT A 焼きとりのたれは煮詰めて、水気を飛ばす。

POINT B 全体に格子状にマヨネーズを絞る。

生地の中にも、トッピングにも
コーンがたっぷり！
コーンとマヨネーズの甘みを
ブラックペッパーが引き締めてくれます。
子ども向けには、ペッパーを控えめにして。

全粒粉、ライ麦を使った素朴な田舎風パン。
焼くと少し縮んで、ずっしりと重みがあるのが特徴です。
油脂が入らない生地のため、型に張りつきやすいので
オーブンシートを敷いて焼きましょう。

コーン&マヨのフォカッチャ

●材料（ホーロー浅型Lサイズ1個分）

A
- 強力粉……………………250g
- きび砂糖……………大さじ1
- 塩……………………小さじ1
- インスタントドライイースト
  …………………………小さじ½

B
- 仕込み水…………………200g
- 白ごま油……………大さじ1

ホールコーン缶…………160g
（生地用100g、トッピング用60g）
マヨネーズ…………………30g
ブラックペッパー、パセリ‥各適量

●作り方

1 生地を作る・具の準備
基本のフォカッチャ（P.19～21）を参照して**1～12**まで作る。
具の準備をする。コーン缶はキッチンペーパーの上にのせ、しっかり水気を拭き取る。

2 具を混ぜる
生地の上に生地用のコーンを広げて軽く押しつけ、ブラックペッパーをふる。基本のフォカッチャ（P.22～23）を参照して**13～24**まで作る。

3 具をのせる
生地の上にトッピング用のコーンとマヨネーズを和えてのせ、ブラックペッパーをふり、マヨネーズ（分量外）を細く格子状に絞る。

4 焼く
230℃で予熱しておいたオーブンを200℃に設定し、おいしそうな焼き色がつくまで20～25分焼く。網の上に取り出し、粗熱をとる。カードを使って容器から生地をはがすようにして取り出し、網の上で冷ます。

5 仕上げ
みじん切りしたパセリをふりかける。

POINT

コーン缶の水気はキッチンペーパーで拭き取っておくこと。水が残っているとうまく生地に混ざらない。

カンパーニュのサンドイッチ

●材料（ホーロー浅型Lサイズ1個分）

A
- 強力粉……………………220g
- ライ麦粉（中挽き）………20g
- 全粒粉………………………60g
- 塩…………………小さじ1と½
- インスタントドライイースト
  …………………………小さじ½

B
- 仕込み水…………………225g

全粒粉………………………適量
サンドイッチの具材
- パストラミハム……………7枚
- リーフレタス………………½株
- ケール………………………30g
- きゅうり……………………½本
- トマト………………………1個
- スライスチーズ……………7枚
- バター………………………適量

●作り方

1 生地を作る
基本のフォカッチャ（P.19～23）を参照して**1～24**まで作る。**17**のとき、生地を取り出したらホーロー容器にオーブンシートを敷き込む（P.9参照）。

2 焼く
生地の上に茶こしで全粒粉をふりかける（**POINT A**）。
生地に霧吹きをし、250℃で予熱しておいたオーブン（または霧吹きせずスチームオーブン）で10分、その後230℃で20分ほど、おいしそうな焼き色がつくまで焼く。網の上に取り出し、粗熱をとる。カードを使って容器から生地をはがすようにして取り出し、網の上で冷ます。

3 仕上げ
パンを1cm厚さの食べやすい大きさにカットし、室温でやわらかくしたバターを塗る。輪切りにしたトマト、斜め薄切りにしたきゅうり、4等分にしたハム、ちぎったレタス、ケール、チーズを挟み、ホーロー容器に詰める（**POINT B**）。

POINT A
焼く前に生地の上に全粒粉をふりかける。粉の香ばしさが感じられる、カリッとした食感に焼き上がる。

POINT B
好みの具を挟んでサンドイッチにし、ホーロー容器に詰める。約2/3量のパンを使ったサンドイッチが詰められる。

チョコとマシュマロ、魅惑的な組み合わせに
モカの苦みを加えた大人のおやつパン。
カカオバター含有量の多い、なめらかなクーベルチュールチョコを使って、
ワンランク上のおいしさに。

モカチョコマシュマロパン

● 材料(ホーロー浅型 Lサイズ1個分)

A
- 強力粉 …………………… 250g
- きび砂糖 ………………… 大さじ2
- 塩 ………………………… 小さじ1
- インスタントドライイースト
  …………………………… 小さじ½

B
- 仕込み水 ………………… 200g
- 白ごま油 ………………… 大さじ1
- インスタントコーヒー … 大さじ1
- クーベルチュールチョコ(スイート)
  ……………………………… 60g
- マシュマロ(大きめのもの) …50g

● 作り方

1 生地を作る

Bの仕込み水にインスタントコーヒーを溶かしておく(**POINT A**)。基本のフォカッチャ(P.19〜21)を参照して **1〜12** まで作る。

2 具を混ぜる

生地の上にチョコを広げて軽く押しつけ(**POINT B**)、基本のフォカッチャ(P.22〜23)を参照して **13〜24** まで作る。マシュマロは半分に切る。

3 焼く・具をのせる

230℃で予熱しておいたオーブンを200℃に設定し、15分ほど焼く。オーブンからパンを取り出してマシュマロをのせ(**POINT C**)、さらに10分ほどマシュマロにこんがり焼き色がつくまで焼く。網の上に取り出し、粗熱をとる。カードを使って容器から生地をはがすようにして取り出し、網の上で冷ます。

POINT A

仕込み水を温めてインスタントコーヒーを溶かし、25℃くらいに冷まして入れる。

POINT B

生地の上にチョコをのせたら、手で軽く押しつけ、四辺、四隅をのばしてたたみ、最終的に丸くまとめる。

POINT C

パンが完全に焼き上がる前にオーブンから取り出し、マシュマロを素早くのせる。マシュマロは半分に切って、平らな面をパンの上に貼りつけるようにするとよい。

ホーローで焼くので、溶け出したバターが天板に流れ出ることがありません。
上質の発酵バターを使用すると、風味豊かな香りが楽しめます。

シュガーバターのフォカッチャ

● **材料**(ホーロー浅型Lサイズ1個分)

A 強力粉 …………………… 250g
　きび砂糖 …………… 大さじ1
　塩 ………………… 小さじ1
　インスタントドライイースト
　　………………… 小さじ½
B 仕込み水 …………… 200g
　白ごま油 ………… 大さじ1
バター ……………………… 60g
グラニュー糖 ……………… 18g

● **作り方**

1 生地を作る・具の準備
基本のフォカッチャ（P.19〜23）を参照して 1〜24 まで作る。
具の準備をする。バターは12等分のサイコロ状に切り分ける（**POINT A**）。

2 具をのせる
指を水でぬらし、穴を12カ所開ける。穴にバターをひとつずつ入れ込み、生地全体にグラニュー糖をふりかける（**POINT B**）。

3 焼く
230℃で予熱しておいたオーブンを200℃に設定し、おいしそうな焼き色がつくまで25〜30分焼く。網の上に取り出し、粗熱をとる。カードを使って容器から生地をはがすようにして取り出し、網の上で冷ます。

バターは穴に入れやすいようにサイコロ状に切っておく。

グラニュー糖は焦げつきやすいのでフチに近い部分は避ける。

わ〜！っと歓声が上がるかわいらしさ。
いちごがない季節は、
缶詰のアメリカンチェリーや、
フレッシュのブルーベリーもおすすめです。

いちご＆クリームチーズのフォカッチャ

● 材料（ホーロー浅型 L サイズ 1 個分）

A
- 強力粉 ……………………250g
- きび砂糖 ………………… 大さじ 2
- 塩 ………………… 小さじ 1
- インスタントドライイースト
  ………………… 小さじ 1/2

B
- 仕込み水 ………………200g
- 白ごま油 ………… 大さじ 1

いちご……………………12 粒
クリームチーズ………………60g
グラニュー糖 ………… 大さじ 1
飾り用・粉砂糖、ミントの葉
………………………… 各適量

● 作り方

1 生地を作る・具の準備

基本のフォカッチャ（P.19 〜 23）を参照して **1 〜 24** まで作る。
生地を室温に戻している間に、具の準備をする。いちごはヘタを取り、クリームチーズは 12 等分のサイコロ状に切る。

2 具をのせる

指を水でぬらし、穴を 12 カ所開ける。穴にクリームチーズを 1 つずつ入れ込み、その脇にいちごを埋め込む（**POINT**）。フチを避け、生地全体に、グラニュー糖をふりかける。

3 焼く

230℃で予熱しておいたオーブンを 200℃に設定し、おいしそうな焼き色がつくまで 20 〜 25 分焼く（いちごが焦げそうになったら、アルミホイルをかぶせる）。網の上に取り出し、粗熱をとる。カードを使って容器から生地をはがすようにして取り出し、網の上で冷ます。

4 仕上げ

茶こしで粉糖をかけ、ところどころにミントを飾る。

POINT
クリームチーズといちごはきれいに整列させても、少しランダムな並び方にしてもお好みで。

仕上げのアイシングを作る際は、慎重に少～しずつ水を足しましょう。りんご以外では、洋梨も相性抜群！

POINT A

アーモンドプードルと薄力粉はダマになりやすいので、一緒にふるいながら入れる。

POINT B

薄く広げたダマンドクリームの上にマリネしたりんごをのせる。

POINT C

アイシングのかたさは垂れ落ちた跡が、数秒で消える程度が理想。

りんごと紅茶のフォカッチャ

● 材料（ホーロー浅型Lサイズ1個分）

A 強力粉 …………………… 250g
　きび砂糖 ……………… 大さじ2
　塩 ………………………… 小さじ1
　インスタントドライイースト
　　………………………… 小さじ½
　紅茶の茶葉（アールグレイなど）
　　………………………… 大さじ1
B 仕込み水 ………………… 200g
　白ごま油 ……………… 大さじ1

りんごのマリネ
　りんご ……………………… 50g
　はちみつ …………………… 6g
　レモン汁 ……………… 小さじ½

ダマンドクリーム
　バター（食塩不使用）、グラニュー糖、溶き卵、アーモンドプードル‥各20g
　薄力粉 ……………………… 2g

アイシング
　粉砂糖 ………………… 大さじ3
　水 ……………… 小さじ¾ほど
ローズマリー（あれば）……… 1本

● 作り方

1 具の準備・生地を作る

具の準備をする。りんごは2mm厚さのいちょう切りにして、一晩はちみつとレモン汁に漬けておく。基本のフォカッチャ（P.19～23）を参照して **1～24** まで作る。
生地を冷蔵庫から取り出し室温に戻している間に、ダマンドクリームを作る。室温に戻したバターとグラニュー糖をボウルに入れてすり混ぜ、アーモンドプードルと薄力粉を一緒にしてふるい入れ（**POINT A**）、ゴムベラで切り混ぜる。溶き卵を少しずつ加えて泡立て器で混ぜる。

2 具をのせる

生地の上にダマンドクリームを広げ、汁気をきったりんごのマリネをのせる（**POINT B**）。

3 焼く

230℃で予熱しておいたオーブンを200℃に設定し、おいしそうな焼き色がつくまで25～30分焼く。網の上に取り出し、粗熱をとる。カードを使って容器から生地をはがすようにして取り出し、網の上で冷ます。

4 仕上げ

粉砂糖に水を少しずつ加えてかためのアイシングを作り、斜めのジグザクに垂らす（**POINT C**）。あればローズマリーを飾る。

メープルと
ペカンナッツの
フォカッチャ

メープルのコクのある甘みと、
ペカンナッツの香ばしさ、
そしてあられ糖とスライスアーモンドの
ザクザク食感が
贅沢なおいしさを奏でます。

● 材料(ホーロー浅型Lサイズ1個分)
A 強力粉 ……………………250g
 きび砂糖 …………… 大さじ2
 塩 …………………… 小さじ1
 インスタントドライイースト
  ……………………… 小さじ½
B 仕込み水 ………………200g
 白ごま油 …………… 大さじ1
混ぜ込み用
 メープルシュガー(フレーク状) 25g
 ペカンナッツ(ローストしたもの) 50g
メープルクリーム
 卵白 ……………………… 1個分
 メープルシュガー(フレーク状) 30g
 アーモンドプードル ………40g
トッピング
 あられ糖 …………………… 6g
 アーモンドスライス ………10g

● 作り方

1 生地を作る・具の準備
基本のフォカッチャ(P.19〜21)を参照して**1**〜**12**まで作る。

2 具を混ぜる・具の準備
生地の上にメープルシュガー、ペカンナッツを広げて軽く押しつけ(**POINT A**)、基本のフォカッチャ(P.22〜23)を参照して**13**〜**24**まで作る。**17**のとき、生地を取り出したらホーロー容器にオーブンシートを敷き込む(P.9参照)。
生地を室温に戻している間にメープルクリームを作る。ボウルに卵白、メープルシュガーを入れてよく混ぜ、アーモンドプードルを入れ、泡立て器で軽く混ぜ合わせる(**POINT B**)。

3 具をのせる
生地の上にメープルクリームをのせ(**POINT C**)、あられ糖、アーモンドスライスを散らす。

4 焼く
230℃で予熱しておいたオーブンを200℃に設定し、おいしそうな焼き色がつくまで25〜30分焼く。網の上に取り出し、粗熱をとる。カードを使って容器から生地をはがすようにして取り出し、網の上で冷ます。

メープルシロップはベタついて混ぜにくいので、フレーク状のメープルシュガーを使う。

卵白とメープルシュガーは、卵白のコシを切る程度に軽く混ぜる。

メープルクリームはかためてのせると生地がへこむので、点在させて、カードで広げる。

抹茶は粉末のまま入れると、
生地が引き締まってかたくなるので
お湯に溶いてペーストにして混ぜ、マーブル状に。
黄色い栗が宝物のような貫禄たっぷり！
けしの実がなければ、白ごまで代用しても。

抹茶のお宝パン

● 材料(ホーロー浅型 Lサイズ1個分)

A
- 強力粉 ……………………… 200g
- 米粉 ………………………… 50g
- きび砂糖 ………………… 大さじ3
- 塩 ………………………… 小さじ1
- インスタントドライイースト
  ……………………………… 小さじ½

B
- 仕込み水 …………………… 120g
- 豆乳 ………………………… 100g
- 白ごま油 ………………… 大さじ1

抹茶ペースト
- 抹茶パウダー ………………… 10g
- ぬるま湯 ……………………… 20g

大納言小豆 ……………………… 100g
栗の甘露煮 ……………………… 6個
けしの実、栗の甘露煮シロップ
　……………………………… 各適量

● 作り方

1 生地を作る
Bの仕込み水に豆乳を加えて温める（**POINT A**）。基本のフォカッチャ（P.19～21）を参照して **1**～**12** まで作る。

2 具を混ぜる
抹茶にお湯を加えて溶かし、抹茶ペーストを作って生地の上に塗る。大納言小豆を広げて軽く押しつけ（**POINT B**）、基本のフォカッチャ（P.22～23）を参照して **13**～**24** まで作る。

3 具をのせる・焼く
生地の表面にけしの実をふり、栗の甘露煮を埋め込む。230℃で予熱しておいたオーブンを200℃に設定して20～25分焼く。網の上に取り出し、粗熱をとる。カードを使って容器から生地をはがすようにして取り出し、網の上で冷ます。栗の上に甘露煮のシロップをはけで塗る（**POINT C**）。

けしの実がなければ白ゴマで代用可
「豆乳」「抹茶」「栗」「大納言小豆」と和風の具材をそろえました！

POINT A

仕込み水に豆乳を加えて電子レンジ(600W)で30秒温める。豆乳を加えることでやさしい味わいに。

POINT B

生地の上に抹茶ペーストを塗り広げ、大納言小豆をのせて手で押さえる。四辺、四隅をのばしてたたみ、マーブル状に抹茶ペーストを混ぜる。

POINT C

栗の上に甘露煮のシロップを塗って、ツヤを出す。

ホーローパンを活用中！ 持ち寄りパーティーが多いC子さんの場合

STEP 2
ちぎりパン

ちぎりパンの魅力は、ふんわりきめ細やかな食感と、
好きな具材を包み込んでいろいろな味を楽しめること。
ホーロー容器で焼くことで、しっとりもっちりと焼き上がり、
ホーローパン（ホーロー焼き）のメリットを存分に堪能できます。
丸めるのにひと手間かかりますが、おいしさ、かわいらしさはひとしおです！

| 混ぜる 約5分 | 休ませる ❶ 15分 | のばして たたむ ❶ 約2分 休ませる ❷ 15分 | のばして たたむ ❷ 約1分 休ませる ❸ 15分 | のばして たたむ ❸ 約1分 休ませる ❹ 15分 | 分割 ＋ 丸める | 休ませる ❺ 10分 | 丸める | 冷蔵庫 8〜15時間 | 室温に 戻す 30〜60分 | 焼く 20〜25分 |

基本のちぎりパンを作ろう

生地を休ませながら、のばして丸めることで
「こねる」の代わりになるので、力を入れて何分もこねる必要はなし。
粉っぽいところが残らないよう、生地の状態をよく見て、
つるんとハリのある状態をキープしましょう。

材料を用意する・こね始め

1 材料を用意する

材料（ホーロー浅型Lサイズ1個分）
- **A** 強力粉 ……………… 280g
  - きび砂糖 ……… 大さじ2
  - 塩 ……………… 小さじ1
  - インスタントドライイースト
    ……………… 小さじ½
- **B** 仕込み水 …………… 180g*
  - バター（食塩不使用）… 10g

2 粉類を容器に入れる

Aの材料をホーロー容器に入れる。カードでムラなく、均一に混ぜ合わせる。

＊室温25℃のときは仕込み水温度25℃とする（詳しくはP.9参照）。

3 溝を作って仕込み水を注ぐ

2の中央にカードを縦にし、何度か往復させて長方形の溝を作る。**B**の仕込み水を注ぐ。

4 粉類と水を混ぜ合わせる

カードを使って、粉類と**B**の仕込み水を混ぜ合わせる。

四隅に混ぜ残しがないようにしっかり混ぜて！

5 刻むように混ぜる

水たまりがなくなったら、カードを容器の底に対して45°の角度に持ち、手前から奥に1cm幅に刻む。

6 粉っぽさがなくなるまで混ぜる

生地を刻みながら奥に寄せ、ホーロー容器を回転させて、生地を手前にし、再び手前から刻む。粉っぽさがなくなるまで6～8回繰り返し、すりつけるようにして混ぜる。

バターを加える〜休ませる1回目

常温で **15** 分

まだ生地はゴツゴツしていても大丈夫！

7 バターを加える
生地に粉っぽさがなくなったら室温に戻した **B** のバターを生地の上にのせ、カードで塗り広げる。

8 刻むように混ぜる
5〜6と同様に刻みながら混ぜ、途中カードで生地を裏返し、バターのかたまりが見えなくなるまで繰り返す。

9 15分休ませる
ふたをして15分、室温で休ませる。

カードはこの後も引き続き使うので、いちいち洗わず、ホーロー容器の中に一緒にしまっておくとよい。

カードを斜め（45°）に入れるのは、生地の断面をできるだけ広げるため。表面積をできるだけ広げてバターをまんべんなくなじませます。

ダマを潰す〜のばしてたたむ1回目

10 ダマを潰す
指先に水をつけ、生地の表面にあるダマ（粉のかたまり、ゴロッとしているところ）をつまんで潰す。

11 全体にダマを潰す
生地の表面を探り終わったら、中側、裏返して裏側のダマを潰す。

12 ひとまとめにする
ダマを潰し終わり、生地がつややかになったらひとまとめにする。

ピザ生地を作るような要領で！

13 生地をのばす
指先に水をつけ、生地を持ち上げ、左右、上下にのばし、丸く広げる。

14 生地の左右をたたむ
丸く広げた生地の左右を後ろに折りたたむ（下記イラスト①）。

15 生地の上下をたたむ
さらに上下を折りたたむ（下記イラスト②）。生地がのびなくなり、弾力が出てくるまでこの作業を3〜4回繰り返す。

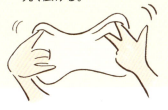

左右に引っ張り、90°回転させながらのばしてたたむ、を繰り返す。

生地を折りたたむ順番

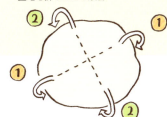

休ませる2回目～のばしてたたむ3回目

16 休ませる2回目
ホーロー容器に戻し、ふたをして室温で15分休ませる。

17 のばしてたたむ2回目
指先に水をつけて生地を持ち上げ、左右、上下にのばして広げ、折りたたむ。

18 のばしてたたむを繰り返す
生地がのびなくなり、弾力が出てくるまで13～15を3～4回繰り返す。

19 休ませる3回目
ホーロー容器に戻し、ふたをして室温で15分休ませる。

20 のばしてたたむ3回目
指先に水をつけて生地を持ち上げ、左右、上下にのばして広げ、折りたたむ。

2回目ほどは生地はのびません

21 休ませる4回目
生地がのびなくなり、弾力が出てくるまで13～15を3～4回繰り返す。ホーロー容器に戻し、ふたをして室温で15分休ませる。

生地がつややかに、ハリが出てきます！

分割～丸める

22 生地を分割する
生地をカードで6等分にする。

23 重量を調整する
生地をスケールの上にのせ、重いものから軽いものに生地をカードでちぎって足し、1個85g前後になるように調整する。

折りたたむだけだから、技いらず！

24 生地をたたむ
ふたの上に生地を取り出し、下から上に半分にたたみ、とじ目が上になるように向きを変える。再び下から上に半分にたたむを3～4回繰り返す。

生地は面倒でもきちんと計りましょう。膨らんだときに、大きさが不揃いになってしまいます。

とじ目を生地の中に折りたたむ、を繰り返して、ぷりんっと張った生地に。

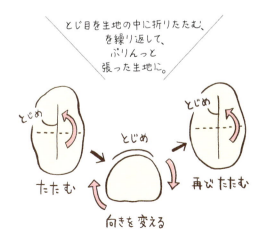

休ませる5回目〜丸める

生地が
乾かないように、
手早く作業する

25 丸く形を整える
手のひらで丸く形を整え、ふたの上に並べる。

26 全部丸める
同様に6個作る。

常温で**10**分

27 休ませる5回目
ホーロー容器をかぶせ、室温で10分休ませる。

ラップだと
油を吸わないので
おすすめ

28 容器に油脂を塗る
ホーロー容器に好みの油脂小さじ1（分量外）を入れ、小さくちぎったラップで全体に薄くのばす。

29 生地を折りたたむ
生地を半分に折ってとじ目を上にし、折りたたむという作業を3〜4回繰り返す。

30 丸めて仕上げる
最後に手のひらで丸く形を整え、表面をしっかりと張らせる。ホーロー容器に程よくすき間を開けて並べる。

裏側はとじ目を指でつまんでしっかりととじる。

冷蔵庫と室温で発酵〜焼く

冷蔵庫で
8〜15
時間

生地が
ギュウギュウに！

常温で
30〜60
分

31 冷蔵庫で発酵
ふたをして、冷蔵庫でゆっくり発酵させる（8〜15時間が目安）。

32 冷蔵庫から取り出す
焼きたい時間の30分〜1時間前に、冷蔵庫から取り出す（あまり膨らんでいない場合→P.90参照）。

33 常温で発酵
30分〜1時間、室温において生地同士のすき間が埋まり、ホーロー容器の高さの8割くらいまで生地が膨らんだら焼くタイミング。

小麦粉の香ばしさと、
見た目の美しさをプラス

完全に冷める前に
容器から出して、
ムレを防止！

34 粉をふりかける
生地の表面に、茶こしで強力粉（分量外）をふる。

35 200℃で20〜25分焼く
230℃で予熱したオーブンを、200℃に設定し、こんがりと焼き色がつくまで20〜25分焼く。取り出したらホーロー容器の底を2〜3回叩いて衝撃を与え、中の水蒸気を抜く。

36 容器から外す
網の上にのせ、20分ほど冷ます。カードを四辺に回し入れ、指をパンと容器の間に差し入れ、取り出す。パンを網の上にのせ、粗熱が取れたら切り分ける。（保存する場合はP.91参照）

粉の配合の一部を全粒粉に替えた香ばしいくるみパン。
基本のちぎりパンにくらべて、生地ののびや膨らみは控えめです。
生のくるみを使うとまろやかに。ローストくるみを使うと
香ばしく仕上がります。

全粒粉のくるみパン

● 材料（ホーロー浅型Lサイズ1個分）

A
- 強力粉 …………………… 180g
- 全粒粉（強力粉）………… 100g
- きび砂糖 ………………… 大さじ2
- 塩 ………………………… 小さじ1
- インスタントドライイースト
  …………………………… 小さじ½

B
- 仕込み水 ………………… 180g
- バター（食塩不使用）…… 10g

くるみ ……………………… 70g

● 作り方

1 生地を作る
基本のちぎりパン（P.49〜52）を参照して **1〜16** まで作る。

2 具を混ぜる
生地の⅔にくるみを散らして手で押さえる。具ののった部分をカードで半分にカットして具ののった生地の上に重ね、残った生地を具の生地にかぶせて持ち上げ、くるくると全体を丸める（**POINT**）。あとは基本のちぎりパン（P.49〜55）を参照して **19〜33** まで作る。焼く直前に茶こしで全粒粉（分量外）をふる。

3 焼く
230℃で予熱したオーブンを、200℃に設定し、おいしそうな焼き色がつくまで20〜25分焼く。網の上に取り出し、粗熱をとる。カードを使って容器から生地をはがすようにして取り出し、網の上で冷ます。

POINT

2/3の生地上にくるみを敷き詰め、手で軽く押さえる。

くるみがのっている生地を半分にし、くるみの生地の上に重ねる。

何ものっていない生地を持ち上げ、くるみの生地の上に重ねる。

生地を持ち上げ、くるみをこぼさないように上下の生地を後ろに折りたたむ。

裏側はくるみがこぼれ出ないように、しっかりととじる。丸めてホーロー容器にしまう。

全粒粉は「強力粉」と「薄力粉」があるので間違えないように！

レーズンのみでもおいしく焼けますが、シナモンを加えると、味が引き締まり、ふわっと華やかな香りがプラス。この組み合わせ、ぜひお試しを!

レーズン&シナモンのちぎりパン

● 材料(ホーロー浅型Lサイズ1個分)

A
- 強力粉 …………………… 280g
- きび砂糖 ………………… 大さじ2
- 塩 ………………………… 小さじ1
- インスタントドライイースト
  ……………………………… 小さじ½

B
- 仕込み水 ………………… 180g
- バター(食塩不使用) …… 10g

- レーズン(ミックスタイプ) …… 100g
- シナモン ………………… 適量

● 作り方

1 具の準備・生地を作る
レーズンは熱湯にサッと通し、ざるに上げる(POINT)。
基本のちぎりパン(P.49〜52)を参照して 1〜16 まで作る。

2 具を混ぜる
生地の⅔にレーズンを散らして手で押さえ、シナモンをふる。具ののった部分を半分にカットして具ののった生地の上に重ね、残った生地を具の生地にかぶせて持ち上げ、くるくると全体を丸める(P.57 POINT 参照)。あとは基本のちぎりパン(P.49〜55)を参照して 19〜34 まで作る。

3 焼く
230℃で予熱したオーブンを、200℃に設定し、おいしそうな焼き色がつくまで20〜25分焼く。網の上に取り出し、粗熱をとる。カードを使って容器から生地をはがすようにして取り出し、網の上で冷ます。

POINT

ドライフルーツは湯通しすることで、オイルコーティングがはがれてふっくらとする。

赤ワインに含まれるアルコール分は、生地の発酵の邪魔をします。
仕込み水に加える赤ワインは、アルコール分を飛ばしておくのを忘れずに。
ワインの酸味がベリーと好相性の大人味のパンです。

4種のベリーのパン

● 材料(ホーロー浅型 Lサイズ1個分)

A
- 強力粉 …………………… 250g
- ライ麦全粒粉 ……………… 30g
- きび砂糖 ………………… 大さじ2
- 塩 ………………………… 小さじ1
- インスタントドライイースト
  …………………………… 小さじ½

B
- 赤ワイン ………………… 100g
- 仕込み水 ………………… 80g強
- バター(食塩不使用)……… 10g

- 4種のベリー(レーズン、クランベリー、カレンズ、チェリー)………… 80g
- 赤ワイン ………………… 大さじ1
- シナモン ………………… 適量

● 作り方

1 具の準備・生地を作る

4種のベリーは熱湯にサッと通し、ざるに上げる。ポリ袋に赤ワインとともに入れて密閉し、一晩以上漬け込む。
Bの赤ワインは電子レンジ(600W)で2分ほど加熱してアルコールを飛ばし、仕込み水と合わせて180gにする。基本のちぎりパン(P.49〜52)を参照して**1**〜**16**まで作る。

2 具を混ぜる

生地の⅔に4種のベリーの汁気をきってちらし、手で押さえる。具ののった部分を半分にカットして具ののった生地の上に重ね、残った生地を具の生地にかぶせて持ち上げ、くるくると全体を丸める(**POINT**)。あとは基本のちぎりパン(P.49〜55)を参照して**19**〜**33**まで作る。焼く直前に茶こしでライ麦全粒粉(分量外)をふる。

3 焼く

230℃で予熱したオーブンを、200℃に設定し、おいしそうな焼き色がつくまで20〜25分焼く。網の上に取り出し、粗熱をとる。カードを使って容器から生地をはがすようにして取り出し、網の上で冷ます。

POINT

赤ワイン入りの生地の上に赤ワインに漬け込んだベリーをのせ、生地に具を折り込んでいく。

トマトとチーズのこんがり焼ける匂いは
みんなが集まってくる、魅惑的な香り。
モッツァレラチーズはピザ用チーズで、
ピザソースはケチャップで代用すればもっと手軽。
アツアツを召し上がれ！

トマトとベーコンのちぎりパン

●材料(ホーロー浅型 L サイズ 1 個分)

A|強力粉 ……………………… 280g
 |きび砂糖 …………… 大さじ 1
 |塩 …………………… 小さじ 1
 |インスタントドライイースト
 |………………………… 小さじ ½
 |バジル(乾燥) ……… 大さじ 1
B|トマトジュース(食塩不使用)
 |………………………………210g
 |バター(食塩不使用) ………20g
モッツァレラチーズ …………200g
ベーコン ………………………36g
ピザソース(市販品) ………… 適量
イタリアンパセリ(あれば)… 適量

●作り方

1 具の準備・生地を作る

モッツァレラチーズは 6 等分、ベーコンは 5mm 幅に切る。
B のトマトジュースは、電子レンジ(600W)で 30 秒ほど加熱して 30℃くらいに温める。基本のちぎりパン(P.49〜54)を参照して **1〜28** まで作る。

2 具を包む

丸めた生地のとじ目を上にして丸くのばし、モッツァレラチーズをのせ、茶巾絞りの要領で包んでとじ目を下にし、油脂(分量外)を塗ったホーロー容器に並べる(P.65 **POINT** 参照)。6 個同様に作る。基本のちぎりパン(P.54〜55)を参照して **31〜33** まで作る。

3 焼く

生地の上にキッチンバサミで十文字に切り込みを入れ、ベーコンを等分にのせ、ピザソースを絞る(**POINT**)。230℃で予熱したオーブンを、200℃に設定し、おいしそうな焼き色がつくまで 20〜25 分焼く。網の上に取り出し、粗熱をとる。カードを使って容器から生地をはがすようにして取り出し、網の上で冷ます。

4 仕上げ

あればイタリアンパセリをちらす。

POINT

まず大きく 1 本切り込みを入れる。

左半分の中央に切り込みを入れる。

右半分の中央に切り込みを入れる。ハサミの先端で切り口を開く。

切り口の中にベーコンを入れ、ピザソースを絞り込む。

巻き込む具は水気のないものがベスト。
フライドオニオンはベタつくことがないのでオススメです。
ソーセージは、お好みでベーコンやサラミでも。

POINT

ふたの大きさに生地をのばし、具をのせる。フチ1cmほどはのせないようにする。

生地を少し引っ張りながら巻く。

具を中に押し込みながら、きつく巻き込む。

とじ目を指でつまんでくっつける。

くるくるカレーロール

● 材料（ホーロー浅型Lサイズ1個分）

A
- 強力粉 …………………… 270g
- 薄力粉 …………………… 30g
- カレー粉 ………………… 大さじ2
- きび砂糖 ………………… 大さじ1
- 塩 ………………… 小さじ1と⅓
- インスタントドライイースト
  ………………… 小さじ½
- バジル（乾燥） ………… 大さじ1

B
- 仕込み水 ………………… 200g
- バター（食塩不使用） …… 20g

- フライドオニオン ………… 15g
- ソーセージ ……………… 60g*
- ブラックペッパー、トマトケチャップ、マヨネーズ、パセリ（乾燥） …………………… 各適量

＊写真ではリオナソーセージというブロックタイプのソーセージを使用。

● 作り方

1 生地を作る・具の準備
基本のちぎりパン（P.49〜52）を参照して **1〜21** まで作る。
ソーセージは1cm角に切る。

2 具を包む
ふたの上に生地をのせ、手でふたいっぱいに広げてソーセージ、フライドオニオン、ブラックペッパーの順に全体にちらす。生地を手前から巻き、とじ目を指でつまんでとじる。カードで6分割にし、油脂（分量外）を塗ったホーロー容器に並べる（**POINT**）。基本のちぎりパン（P.54〜55）を参照して **31〜33** まで作る。

3 焼く
生地の切り口の上にケチャップとマヨネーズを絞り出す。230℃で予熱したオーブンを、200℃に設定し、おいしそうな焼き色がつくまで20〜25分焼く。網の上に取り出し、粗熱をとる。カードを使って容器から生地をはがすようにして取り出し、網の上で冷ます。

4 仕上げ
生地の切り口の上にケチャップとマヨネーズを絞り出し、パセリをちらす。

カードで6等分に切り分ける。

油脂を塗ったホーロー容器に詰める。上から押さえて切り口を丸く整える。

飽きのこない黒ごま＆チーズの組み合わせ。
黒ごまが全体に行き渡るよう、しっかり切り混ぜしましょう。
生地の上にピザ用チーズをのせて焼いても、香ばしくてgood!

 ## 黒ごまとチーズのちぎりパン

● **材料**（ホーロー浅型Lサイズ1個分）

A
- 強力粉 …………………… 280g
- きび砂糖 …………… 大さじ 2
- 塩 ………………… 小さじ 1
- インスタントドライイースト
  ………………… 小さじ½

B
- 仕込み水 …………………180g
- バター（食塩不使用）……… 10g

黒ごま ……………… 大さじ 2
プロセスチーズ …………… 120g

● **作り方**

1 生地を作る・具の準備
基本のちぎりパン（P.49～52）を参照して **1～16** まで作る。プロセスチーズは1cm角に切る。

2 具を混ぜる・包む
生地全体に黒ごまを散らし、生地を半分にカットして重ねるを繰り返す（**POINT A**）。全体にごまが行き渡ったら、生地をひとかたまりにして丸める。あとは基本のちぎりパン（P.49～55）を参照して **19～28** まで作る。丸めた生地のとじ目を上にして丸くのばし、チーズの½量をのせる。半分に折りたたんでもう一度チーズの½量をのせ、さらに半分にし（**POINT B**）、手のひらで丸く形を整える。同様に6個作って油脂（分量外）を塗ったホーロー容器に並べる。基本のちぎりパン（P.54～55）を参照して **31～34** まで作る。

3 焼く
230℃で予熱したオーブンを、200℃に設定し、おいしそうな焼き色がつくまで20～25分焼く。網の上に取り出し、粗熱をとる。カードを使って容器から生地をはがすようにして取り出し、網の上で冷ます。

生地の上にごまを広げ、手で軽く押さえる。生地をカットしながらごまを混ぜ込む。

丸くのばした生地の上にチーズをのせ、半分に折りたたんで残りのチーズをのせ、さらに半分に折る。

食べるときに、
お好みではちみつをたら〜り。
チーズの塩気、ペッパーの
キリッとした辛み、
はちみつの華やかな甘さのコラボに拍手!

カマンベールのちぎりパン

● 材料(ホーロー浅型Lサイズ1個分)

A│ 強力粉 ………………… 280g
　│ きび砂糖 …………… 大さじ2
　│ 塩 ………………… 小さじ1
　│ インスタントドライイースト
　│ ………………… 小さじ½
B│ 仕込み水 ………………180g
　│ バター(食塩不使用) ……… 10g
カマンベールチーズ ………200g
ブラックペッパー………… 適量

● 作り方

1 生地を作る・具の準備
基本のちぎりパン(P.49〜54)を参照して **1〜28** まで作る。カマンベールチーズは6等分に切る。

2 具を包む
丸めた生地のとじ目を上にして丸くのばし、カマンベールチーズをのせ、ブラックペッパーをちらす。茶巾絞りの要領で包み(**POINT**)、油脂(分量外)を塗ったホーロー容器にとじ目を下にして並べる。6個同様に作る。基本のちぎりパン(P.54〜55)を参照して **31〜34** まで作る。

3 焼く
生地の上にキッチンバサミで十文字に切り込みを入れ(P.61 **POINT** 参照)、230℃で予熱したオーブンを、200℃に設定し、おいしそうな焼き色がつくまで20〜25分焼く。網の上に取り出し、粗熱をとる。カードを使って容器から生地をはがすようにして取り出し、網の上で冷ます。

POINT

生地を直径6cmほどの円形にのばし、チーズをのせてブラックペッパーをふる。

上下、左右の順に指でつまんでとじる。

斜めも対角同士で指でつまんでとじる。

ふわもちっのホーローパンには、
なんと和風具材が合うんです!
梅干しは酸味の少ないまろやかな味のものが◎。

しらす+のり+バターの和洋折衷な
トリオが生み出すマリアージュ。
しらすによって塩分が異なるので
入れる量を調整して。

しらすのりバターパン

●材料(ホーロー浅型Lサイズ1個分)
A 強力粉　　　　　　　　280g
　きび砂糖　　　　　　　大さじ1
　塩　　　　　　　　　　小さじ1
　インスタントドライイースト
　　　　　　　　　　　　小さじ½
B 仕込み水　　　　　　　180g
　バター（食塩不使用）　10g
しらす干し　　　　　　　60g
焼きのり　　　　　　　全型1枚
白ごま　　　　　　　　　適量
バター(食塩不使用)　　3g×6個

●作り方
1 生地を作る・具の準備
基本のちぎりパン（P.49〜54)を参照して **1〜28** まで作る。
のりは6等分に切る。

2 具を包む
丸めた生地のとじ目を上にして丸くのばし、のりをのせ、しらすの⅙量、白ごまをひとつまみのせる。茶巾絞りの要領で包み、油脂（分量外）を塗ったホーロー容器にとじ目を下にして並べる（**POINT**）。6個同様に作る。基本のちぎりパン（P.54〜55)を参照して **31〜34** まで作る。

3 焼く
生地の上にキッチンバサミで十文字に切り込みを入れ(P.61 **POINT** 参照)、バターを3gずつのせる。230℃で予熱したオーブンを、200℃に設定し、おいしそうな焼き色がつくまで20〜25分焼く。網の上に取り出し、粗熱をとる。カードを使って容器から生地をはがすようにして取り出し、網の上で冷ます。

POINT

生地を丸く広げた上に、のり、しらす、ごまの順にのせる。生地を少し引っ張りながら具を包む。

くるくる梅しそ昆布パン

●材料(ホーロー浅型Lサイズ1個分)
A 強力粉　　　　　　　　280g
　きび砂糖　　　　　　　大さじ1
　塩　　　　　　　　　　小さじ1
　インスタントドライイースト
　　　　　　　　　　　　小さじ½
B 仕込み水　　　　　　　180g
　バター（食塩不使用）　10g
はちみつ梅干し　　　　2〜3個
青じそ　　　　　　　　　6枚
塩昆布　　　　　　　　　10g
仕上げ用・白ごま油、白ごま、
　青じそ、梅干し　　　各適量

●作り方
1 生地を作る・具の準備
基本のちぎりパン（P.49〜52)を参照して **1〜21** まで作る。
梅干しは種を取って果肉を刻み、青じそはせん切りにする。

2 具を包む
ふたの上に生地をのせ、手でふたいっぱいに広げて塩昆布、青じそを全体にちらし、手前に梅肉を棒状にのせる（**POINT**）。生地を手前から巻き、とじ目を指でつまんでとじる。カードで6分割にし、油脂（分量外）を塗ったホーロー容器に並べる(P.62 **POINT** 参照)。基本のちぎりパン（P.54〜55)を参照して **31〜33** まで作る。

3 焼く
230℃で予熱したオーブンを、200℃に設定し、おいしそうな焼き色がつくまで20〜25分焼く。網の上に取り出し、粗熱をとる。カードを使って容器から生地をはがすようにして取り出し、網の上で冷ます。

4 仕上げ
表面にはけで白ごま油を塗り、パンの中央に刻んだ梅肉、青じそを飾る。白ごまをちらす。

POINT

のり巻きの要領で、広げた生地の上に青じそと塩昆布を散らし、芯になる部分に梅肉をのせる。

定番のハムマヨロールも、ホーローに入れて焼くとふっくらふんわり！
最後の仕上げの形作りが多少うまくいかなくても、
ホーロー容器に入れるだけで見栄えがするから不思議。
気負わずどんどん手作りを楽しんでください。

ハムマヨちぎりパン

●材料(ホーロー浅型Lサイズ1個分)
A| 強力粉 ……………………… 280g
 | きび砂糖 …………… 大さじ2
 | 塩 ………………… 小さじ1
 | インスタントドライイースト
 | ………………… 小さじ½
B| 仕込み水 ………………… 180g
 | バター（食塩不使用）……… 10g
ハム ……………………………… 6枚
マヨネーズ、パセリ ……… 各適量

●作り方

1 生地を作る・具の準備
基本のちぎりパン（P.49〜54）を参照して **1**〜**28** まで作る。
ハムはキッチンペーパーで水気を拭く。

2 具を包む
丸めた生地のとじ目を上にして丸くのばし、ハムをのせて手前から巻く。とじ目を上にして半分に折り、輪になっている方からカードで切り込みを入れ、左右に開く（**POINT**）。6個同様に作り、油脂（分量外）を塗ったホーロー容器に並べる。基本のちぎりパン（P.54〜55）を参照して **31**〜**33** まで作る。

3 焼く
中央のくぼみにマヨネーズを絞り出す。230℃で予熱したオーブンを、200℃に設定し、おいしそうな焼き色がつくまで20〜25分焼く。網の上に取り出し、粗熱をとる。カードを使って容器から生地をはがすようにして取り出し、網の上で冷ます。

4 仕上げ
マヨネーズの上に刻んだパセリをちらす。

POINT

生地はハムの大きさに合わせて丸く広げる。

手前からクルクルときつく巻き込む。

とじ目を上にする。

半分に折りたたむ。

輪の方の中央に切り込みを入れる。根元を2㎝ほど残す。

切り口から左右に開く。

サラダとコーヒーをそえれば理想の朝食に！

北海道発祥の『ちくわパン』をホーローパンにアレンジしました。
ちくわの穴にツナマヨを詰めるのが至難の技でしたが、
カットしてから一番最後に詰めることで解決！
ぎっしりツナマヨを詰め込んで、さぁ召し上がれ。

ちくわツナマヨパン

●材料(ホーロー浅型Lサイズ1個分)

A | 強力粉 ……………………… 280g
  | きび砂糖 …………… 大さじ2
  | 塩 ………………… 小さじ1
  | インスタントドライイースト
  | …………………… 小さじ½
B | 仕込み水 ……………………180g
  | バター (食塩不使用) ………10g
ちくわ …………………… 細5本
ツナ缶 ……1缶 (汁気をきって46g)
マヨネーズ …………………… 25g
仕上げ用・マヨネーズ、パセリ(乾燥)
…………………………… 各適量

●作り方

1 生地を作る

基本のちぎりパン (P.49～54) を参照して **1**～**28** まで作る。**22** のときに生地を 5 分割にする。

2 具を包む・具の準備

丸めた生地のとじ目を上にしてちくわの長さに合わせて長方形にのばし、ちくわをのせて巻く。カードで3等分して油脂 (分量外) を塗ったホーロー容器に並べる (**POINT A**)。5個同様に作る。基本のちぎりパン (P.54～55) を参照して **31**～**33** まで作る。生地を室温に戻している間にツナ缶とマヨネーズを合わせ、ツナマヨを作る。

3 焼く

ちくわの穴にツナマヨを詰め (**POINT B**)、マヨネーズを格子状にかける。230℃で予熱したオーブンを、200℃に設定し、おいしそうな焼き色がつくまで20～25分焼く。網の上に取り出し、粗熱をとる。カードを使って容器から生地をはがすようにして取り出し、網の上で冷ます。

4 仕上げ

パセリをちらす。

POINT A

生地はふたの上でちくわと同じ長さの長方形にのばし、ちくわをのせてきつめに巻く。

3等分にしてホーロー容器に並べる。

POINT B

ツナマヨをちくわに詰めるのは焼く直前。汁気をきりながら詰める。

口溶けのよいクーベルチュールチョコをたっぷり入れて、チョコパンを作りました。
チョコは生地の表面に出ないように包むこと。

黒糖、黒豆、黒豆きな粉と黒づくし！ きなこアイシングがいい味出してます。
黒糖がたっぷり入った焦げやすい生地なのでオーブンシートを敷いて発酵させましょう。

ちぎりチョコパン

● 材料(ホーロー浅型 Lサイズ1個分)

A
- 強力粉 ……………………… 280g
- きび砂糖 ……………… 大さじ 2
- 塩 ………………………… 小さじ 1
- インスタントドライイースト
  ……………………… 小さじ ½

B
- 仕込み水 ………………… 180g
- バター（食塩不使用）……… 10g

クーベルチュールチョコ (スイート・1cm角) ……………………… 90g

● 作り方

1 生地を作る
基本のちぎりパン（P.49〜54）を参照して **1〜28** まで作る。

2 具を包む
丸めた生地のとじ目を上にして丸くのばし、チョコの½量をのせる。半分に折りたたんでもう一度チョコの½量をのせ、さらに半分にし、手のひらで丸く形を整える。同様に6個作って油脂（分量外）を塗ったホーロー容器に並べる（**POINT**）。基本のちぎりパン（P.54〜55）を参照して **31〜34** まで作る。

3 焼く
230℃で予熱したオーブンを、200℃に設定し、おいしそうな焼き色がつくまで20〜25分焼く。網の上に取り出し、粗熱をとる。カードを使って容器から生地をはがすようにして取り出し、網の上で冷ます。

POINT

生地を直径6cmほどに丸くのばし、1/12量のチョコをのせて手で押さえる。　半分に折った生地の上に、さらに1/12量のチョコをのせる。　さらに半分に折り、手で丸く整える。生地からチョコがはみ出ていると焦げるので、生地の中に収める。

黒糖黒豆きな粉パン

● 材料(ホーロー浅型 Lサイズ1個分)

A
- 強力粉 ……………………… 280g
- 黒砂糖 ………………… 大さじ 4
- 塩 ………………………… 小さじ 1
- インスタントドライイースト
  ……………………… 小さじ ½

B
- 仕込み水 ………………… 180g
- バター（食塩不使用）……… 10g

- 黒砂糖 ……………………… 30g
- アーモンドプードル ………… 15g
- 黒豆の甘煮（市販品）……… 100g

きな粉アイシング
- 粉砂糖 ………………… 大さじ 2
- 黒豆きな粉 …………… 大さじ 1
- 牛乳 ……………… 小さじ 1 程度

● 作り方

1 生地を作る・具の準備
基本のちぎりパン（P.49〜52）を参照して **1〜21** まで作る。
小さな容器に、黒砂糖とアーモンドプードルを合わせる。

2 具を包む
ふたの上に生地をのせ、手でふたいっぱいに広げて黒砂糖とアーモンドプードルを全体にちらし、黒豆ものせる（**POINT**）。生地を手前から巻き、とじ目を指でつまんでとじる。カードで6分割にし、オーブンシートを敷いた(P.9参照)ホーロー容器に並べる。基本のちぎりパン（P.54〜55）を参照して **31〜33** まで作る。

3 焼く
230℃で予熱したオーブンを、200℃に設定し、おいしそうな焼き色がつくまで20〜25分焼く。網の上に取り出し、粗熱をとる。オーブンシートごとパンを取り出し、網の上で冷ます。

4 仕上げ
きな粉アイシングを作る。粉砂糖ときな粉に牛乳を少しずつ加えてかためのアイシングを作り、6個のパンの上に渦巻き状にかける。

POINT

黒砂糖と黒豆がこぼれやすいので、生地を引っ張りながら、中に具を押し込めるようにしながら巻く。

シナモンシュガーはたっぷり入れると
巻くときに生地がすべりやすいため、
軽く霧吹きをするのがポイント。
アイシングにはクリームチーズを入れ、
レモンの皮とピスタチオを飾れば、
ティータイムにぴったりのスイーツに。

くるくるシナモンシュガーパン

● 材料（ホーロー浅型Lサイズ1個分）

A
- 強力粉 …………………… 280g
- きび砂糖 ……………… 大さじ2
- 塩 ………………………… 小さじ1
- インスタントドライイースト
  ………………………… 小さじ½

B
- 仕込み水 ………………… 180g
- バター（食塩不使用）……… 10g

シナモンシュガー
- グラニュー糖 ………… 大さじ4
- シナモン ……………… 小さじ2

クリームチーズアイシング
- 粉砂糖 ………………… 大さじ2
- クリームチーズ ………… 50g
- レモン汁 ……… 小さじ1ほど

仕上げ・ピスタチオ、レモンの皮
　………………………… 各適量

● 作り方

1 生地を作る・具の準備
基本のちぎりパン（P.49〜52）を参照して **1〜21** まで作る。
小さな容器に、シナモンシュガーの材料を合わせる。

2 具を包む
ふたの上に生地をのせ、手でふたいっぱいに広げてシナモンシュガーを全体に広げ、水を霧吹きする（**POINT A**）。生地を手前から巻き、とじ目を指でつまんでとじる。カードで6分割にし、オーブンシートを敷いた（P.9参照）ホーロー容器に並べる（**POINT B**）。基本のちぎりパン（P.54〜55）を参照して**31〜33**まで作る。

3 焼く
230℃で予熱したオーブンを、200℃に設定し、おいしそうな焼き色がつくまで20〜25分焼く。網の上に取り出し、粗熱をとる。カードを使って容器から生地をはがすようにして取り出し、網の上で冷ます。

4 仕上げ
クリームチーズアイシングを作る。粉砂糖とクリームチーズをすり混ぜ、レモン汁を加える。6個のパンの上に塗り、粗みじん切りにしたピスタチオとすりおろしたレモンの皮を飾る（**POINT C**）。

POINT A

シナモンシュガーがこぼれやすいので、生地のフチから2cm内側に広げ、霧吹きをかけて落ち着かせる。

POINT B

なるべく生地を引っ張りながらくるくる巻きを多くすると、シナモンシュガーがうまくなじむ。砂糖が焦げつきやすいので容器にはオーブンシートを敷いておく。

POINT C

パンが完全に冷めたらバターナイフなどでクリームチーズアイシングを塗り、ピスタチオとレモンの皮を飾る。

ココナッツミルクを使った生地は、のびにくいので、
焼く前にしっかり生地を膨らませてから、焼きましょう。
甘いココナッツと、甘酸っぱいパイン&マンゴーで南国気分♪
途中パインが焦げるようなら、アルミホイルをかけて。

トロピカル・ココナッツパン

●材料（ホーロー浅型 L サイズ 1 個分）

A
- 強力粉 …………………… 280g
- きび砂糖 …………… 大さじ 2
- 塩 …………………… 小さじ 1
- インスタントドライイースト
  …………………… 小さじ ½

B
- ココナッツミルク ……… 100g
- 仕込み水 ………………… 100g
- バター（食塩不使用）…… 10g

- ココナッツロング …………… 10g
- ドライパイン、ドライマンゴー… 各30g
- 白ワイン ……………… 大さじ 1
- パイン（缶詰）……………… 6 枚
- アイシング
  - 粉砂糖 ……………… 大さじ 3
  - 水 ……………… 小さじ ¾ ～
- セルフィーユ（あれば）…… 適量

●作り方

1 具の準備・生地を作る
ドライパイン、ドライマンゴーは 1cm角に切り、白ワインとともにポリ袋に入れ、密閉して一晩以上漬け込む。
基本のちぎりパン（P.49～52）を参照して **1～16** まで作る（**POINT A**）。

2 具を混ぜる・包む
生地全体にココナッツロングを散らし、生地を半分にカットして重ねるをくり返す（**POINT B**）。全体にココナッツロングが行き渡ったら、生地をひとかたまりにして丸める。基本のちぎりパン（P.49～55）を参照して **19～28** まで作る。丸めた生地のとじ目を上にして丸くのばし、汁気をきったドライフルーツの ½ 量をのせる。半分に折りたたんでもう一度具の ½ 量をのせ、さらに半分にし、手のひらで丸く形を整える（**POINT C**）。同様に 6 個作って油脂（分量外）を塗ったホーロー容器に並べる。基本のちぎりパン（P.54～55）を参照して **31～33** まで作る。

3 焼く
生地の上に缶汁をきったパインをのせ、軽く押し込む。230℃で予熱したオーブンを、200℃に設定し、おいしそうな焼き色がつくまで 25～30 分焼く。網の上に取り出し、粗熱をとる。カードを使って容器から生地をはがすようにして取り出し、網の上で冷ます。

4 仕上げ
粉砂糖に水を少しずつ加えてかためのアイシングを作り、斜めのジグザクに垂らす。あればセルフィーユを飾る。

POINT A

仕込み水と一緒に加えるココナッツミルクは、かたまっていたら電子レンジにかけて温めておく。

POINT B

生地の上にココナッツロングを広げ、手で軽く押さえて半分に切り、重ねる。これをくり返して具を混ぜる。

POINT C

生地を直径 6cm ほどに丸くのばし、1/12 量のドライフルーツをのせて手で押さえる。半分に折り、さらに 1/12 量の具をのせ、半分に折って手で丸く整える。

フリーズドライいちごパウダーを使ったピンクの生地に
赤い色がかわいいクランベリーとホワイトチョコ。
贈り物にもぴったりのラブリーなパンです。
ホワイトチョコをアイシングのようにかけるのもおすすめ。

いちごミルクのちぎりパン

●材料(ホーロー浅型 Lサイズ1個分)

A
- 強力粉 …………………… 280g
- きび砂糖 …………… 大さじ2
- 塩 ………………… 小さじ1
- インスタントドライイースト
  ………………… 小さじ½
- フリーズドライいちごパウダー
  ………………… 大さじ2
- スキムミルク ……… 大さじ1

B
- 仕込み水 ………………… 180g
- バター(食塩不使用) ……… 10g

- クランベリー(ドライ) ……… 60g
- クーベルチュールホワイトチョコ
  (1cm角) ………………… 30g
- マスカルポーネチーズ ……… 80g
- いちご …………………… 3個
- 粉砂糖 …………………… 適量

●作り方

1 具の準備・生地を作る
クランベリーは熱湯にサッと通してざるに上げる。
基本のちぎりパン(P.49〜52)を参照して **1〜16** まで作る。

2 具を混ぜる
生地の⅔にクランベリーとホワイトチョコをちらして手で押さえる。具ののった部分を半分にカットして具ののった生地の上に重ね、残った生地を具の生地にかぶせて持ち上げ、全体を丸める(**POINT A**)。あとは基本のちぎりパン(P.49〜55)を参照して **19〜33** まで作る。

3 焼く
230℃で予熱したオーブンを、200℃に設定し、おいしそうな焼き色がつくまで20〜25分焼く。網の上に取り出し、粗熱をとる。カードを使って容器から生地をはがすようにして取り出し、網の上で冷ます。

4 仕上げ
パンの上にバターナイフなどでマスカルポーネチーズをのせ、半分にカットしたいちごをのせる。茶こしで粉砂糖をふる(**POINT B**)。

POINT A

2/3の生地の上にクランベリーとホワイトチョコを敷き詰め、手で軽く押さえる。

具がのっている生地をカードで半分にし、具の生地の上に重ねる。

何ものっていない生地を持ち上げ、具の生地の上に重ねる。

生地を持ち上げ、具をこぼさないように上下の生地を後ろに折りたたむ。

具がこぼれ出ないように、しっかりと中に押し込みながらとじる。丸めてホーロー容器にしまう。

POINT B

マスカルポーネチーズは、生クリームで代用してもよい。食べる直前に粉砂糖をふりかける。

紫いもパウダーで紫色のマーブル生地、
さつまいもで黄色のダイス、
と2色のおさつを楽しむことができます。
マーブル模様をうまく出すコツは、
のばしてたたむ作業をやりすぎないこと。
さつまいもとチーズの
甘しょっぱいコラボがクセになる！

2色のおさつパン

●材料（ホーロー浅型Lサイズ1個分）
- A｜強力粉 …………………… 280g
- ｜きび砂糖 …………… 大さじ2
- ｜塩 ………………… 小さじ1
- ｜インスタントドライイースト
- ｜　………………… 小さじ½
- B｜仕込み水 ………………… 180g
- ｜バター（食塩不使用）……… 10g
- 紫いもパウダー ………… 大さじ1
- さつまいも・甘煮（市販品）… 150g
- クリームチーズ ……………… 50g

●作り方

1 具の準備・生地を作る
具の準備をする。さつまいも、クリームチーズは1cm角に切る。基本のちぎりパン（P.49〜52）を参照して**1**〜**16**まで作る。生地の上に紫いもパウダーを広げ、手前から巻き、生地をのばしてたたむをくり返す（**POINT A**）。あとは基本のちぎりパン（P.49〜55）を参照して**19**〜**28**まで作る。

2 具を包む
丸めた生地のとじ目を上にして丸くのばし、さつまいもとクリームチーズの⅙量をのせてきつく巻き、とじ目を上にして半分にたたむ。輪になっている方からカードで切り込みを入れ、左右に開く（**POINT B**）。6個同様に作り、油脂（分量外）を塗ったホーロー容器に並べる。基本のちぎりパン（P.54〜55）を参照して**31**〜**33**まで作る。

3 焼く
230℃で予熱したオーブンを、200℃に設定し、おいしそうな焼き色がつくまで25〜30分焼く。網の上に取り出し、粗熱をとる。カードを使って容器から生地をはがすようにして取り出し、網の上で冷ます。

POINT A

2回目ののばしてたたむときに紫いもパウダーを広げ、くるくると巻いてパウダーを混ぜ込む。これでマーブル模様を作る。

POINT B

丸く広げた生地の上に具をのせ、きつく巻く。輪の方の中央に切り込みを入れ、切り口から左右に開く。

塩バターパンを作ろう

ホーロー容器で焼くことで、おいしいバターが天板に流れ出ず、
リッチに仕上がります。しかも洗い物はホーロー容器ひとつだけ。
ホーローパンのメリットが最大限に実感できるメニューです。
表面はかりっ、中はふっくらもっちりな生地に
バターがじゅわ〜と広がります。

混ぜる	休ませる❶	のばしてたたむ❶ 約2分	休ませる❷	のばしてたたむ❷ 約1分	休ませる❸	のばしてたたむ❸ 約1分	休ませる❹	分割+丸める	休ませる❺	成形	最終発酵 35℃ 約1時間 (室温 約1時間半)	焼く
約5分	15分		15分		15分		15分		10分			20〜25分

＊STEP UP! 編のため、めん棒、こね台、布巾が必要です。

材料を用意する〜休ませる1回目

1 材料を用意する

材料（ホーロー浅型 Lサイズ1個分）
A｜強力粉 …………… 230g
　｜全粒粉 …………… 20g
　｜きび砂糖 ……… 大さじ2
　｜スキムミルク …… 大さじ1
　｜塩 ……………… 小さじ1
　｜インスタントドライイースト
　｜………………… 小さじ½

2 溝を作って仕込み水を注ぐ
Aの材料をホーロー容器に入れ、カードでムラなく混ぜる。中央にカードを縦にして往復させ、長方形の溝を作ってBの仕込み水を注ぐ。

B｜仕込み水 ………… 150g*
　｜バター（食塩不使用）… 10g
塩麹 ………………… 12g
バター（食塩不使用）…… 60g
粗塩 ………………… 適量

＊室温25℃のときは仕込み水温度25℃とする（詳しくはP.9参照）。

3 粉類と水を混ぜ合わせる
カードを使って、粉類と仕込み水を混ぜ合わせる。

粉っぽさがなくなるまで6〜8回繰り返す

4 刻むように混ぜる
カードを容器の底に対して45°の角度に持ち、手前から奥に1cm幅に刻む。刻む生地がなくなったら奥に送り、容器を回転させて生地を手前に寄せ、奥から刻む。

5 バターを加える
室温に戻したバターを生地の上にのせ、カードで塗り広げる。4と同様に刻みながら混ぜ、バターのかたまりが見えなくなるまで繰り返す。

生地は滑らかでなくても大丈夫！

常温で **15分** zzZ

6 休ませる1回目
ふたをして15分、室温で休ませる。

ダマを潰す〜休ませる2回目

全粒粉入りの生地はのびにくいのが特徴

7 ダマを潰す
指先に水をつけ、生地の表面にあるダマ（粉のかたまり、ゴロッとしているところ）をつまんで潰す。中側、裏返して裏側のダマも潰し、生地がつややかになったらひとまとめにする。

8 生地をのばす
指先に水をつけ、生地を持ち上げ、左右、上下にのばし、丸く広げる。

9 生地の左右をたたむ
丸く広げた生地の左右を後ろに折りたたむ。

常温で **15**分

10 生地の上下をたたむ
さらに上下を折りたたむ。この作業を生地がのびなくなり、弾力が出てくるまで3〜4回繰り返す。

11 丸くまとめる
生地の表面を張らせて丸くまとめる。

12 休ませる2回目
ふたをして15分、室温で休ませる。

のばしてたたむ2回目〜分割

13 のばしてたたむ2回目
指先に水をつけて 8〜10 の作業を 3〜4 回繰り返す。生地がのびなくなり、弾力が出てきたら丸くまとめる。

＞ 1回目ほどは生地はのびません

常温で **15** 分

14 休ませる3回目
ホーロー容器に戻し、ふたをして室温で 15 分休ませる。

15 のばしてたたむ3回目
指先に水をつけて 8〜10 の作業を 3〜4 回繰り返す。生地がのびなくなり、弾力が出てきたら丸くまとめる。

常温で **15** 分

16 休ませる4回目
ホーロー容器に戻し、ふたをして室温で 15 分休ませる。

＞ だんだん生地がつややかになってきます！

17 生地を分け、重量を調整する
生地をカードで 6 等分し、スケールの上にのせ、重いものから軽いものに生地をカードでちぎって足し、1 個 75g 前後になるように調整する。

18 生地をたたむ
ふたの上に生地を取り出し、下から上に半分にたたむ。

＞ 生地は大きさが不揃いにならないように面倒でもきちんと計りましょう

丸める～扇形を作る

とじ目を生地の中に折りたたむ、を繰り返すだけ！

生地が乾かないように、手早く作業を

常温で **10**分

19 半分に折る、をくり返す
とじ目が上になるように向きを変える。再び下から上に半分にたたむを4回ほどくり返す。

20 丸く形を整える
生地がぷりんっと張ったら手のひらで丸く形を整え、ふたの上に並べる。同様に6個作る。

21 休ませる5回目
ホーロー容器をかぶせ、室温で10分休ませる。

22 生地を丸くのばす
こね台の上に生地を取り出し、とじ目を上にして指先で生地を10cmほどの円形にのばす。

23 扇形を作る -1
生地の右上を斜めに折りたたむ。

24 扇形を作る -2
さらに右下を斜めに折りたたみ、扇のような形を作る。指でおさえて生地をとめる。

しずく形を作る〜しゃもじ形を作る

25 しずく形を作る
扇形の中心線で半分に折り、端から指でつまんでとじる。

26 しずく形の完成
とじ目を下にして形を整える。

27 同様に6個作る
生地が乾燥しやすいので、ぬれ布巾をかけながら行う。同様に6個作る。

28 おたまじゃくし形を作る
27の生地の細い部分を手のひらで転がし、太い部分は残したまま15cmほどにのばす。

29 おたまじゃくし形の完成
生地が乾燥しやすいので、ぬれ布巾をかけながら行う。同様に6個作る。

30 しゃもじ形を作る
生地の太い部分を手前に置き、めん棒で中心から手前に転がして太い部分をのばす。細い部分の先端を持ち、中心から奥に転がして細い部分をのばす。

長さは32cmほどにのばします。ここでしっかりのばすことが、きれいなロールパンを作るコツ！

バターロール形に巻く

31 しゃもじ形の完成
めん棒を縦に持ち替え、太い部分を左右10cmほどにのばす。

32 塩麹を塗る
太い部分にバターナイフなどで塩麹を塗る。

塩麹でうまみアップ！ないときは有塩バターでもOK！

33 バターをおく
バターは6等分のスティック状にカットし、手前におく。

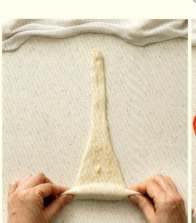

34 巻き始め
ひと巻きし、バターがはみ出さないように左右を押さえる。

35 巻き終わり
手前からくるくると生地を巻く。巻き終わりとなる先端の生地は、少しつぶしておく。同様に6個作る。

生地が3段に重なるのが理想

36 容器にバターを塗る
やわらかくしたバター（分量外）をラップなどで包んで持ち、容器の全面に塗る。

最終発酵〜焼く

35℃で**1**時間

37 最終発酵
オーブンの発酵機能(35℃)で約1時間(または室温で1時間半ほど)発酵させる。生地同士のすき間が埋まり、生地がふっくらしたら焼くタイミング。

38 塩をふる
生地の3段目(一番高い部分)にひとつまみの粗塩をふる。

塩は旨みのある粗塩で、粒の大きいものがおすすめです。

取り出したらホーローの底を2〜3回叩いて中の水蒸気を抜く

39 200℃で20〜25分焼く
200℃で予熱しておいたオーブンで、こんがりと焼き色がつくまで20〜25分焼く。

40 焼き立て
焼き立てはバターがグツグツしている。かなり熱いので火傷に注意して。

41 容器から外す
網の上にのせ、20分ほど冷ます。カードを四辺に回し入れ、指をパンと容器の間に差し入れ、取り出す。

42 網の上で冷ます
パンを網の上にのせ、粗熱を取る。(保存する場合はP.91参照)

バターがたっぷりでベタつくのが気になる場合は、ホーロー容器の中で裏返して冷ましてもよい。

ホーローパンQ&A

Q1. 翌朝冷蔵庫から出したら、あまり膨らんでいないけど？

A1. こね上げたときの温度が低い、もしくは、冷蔵庫の温度が低いことでイーストがあまり働かなかったことが原因です。暖かい室内もしくは、オーブンの発酵機能（35℃）で、生地が型の8割まで膨らむのを待ってから焼けば大丈夫。冬場で室温が低い場合は、仕込み水を温めて作りましょう。（→P.9 仕込み水について）

仕込み水は夏場は15℃ 冬場は35℃

Q2. 発酵を待っている間に、生地がふたにべったりとくっついた！

A2. ふたにくっつくぐらいはまだ、セーフ！ 慌てずに、カードを使って生地を傷つけないようにはがします。ふたが持ち上がるぐらいに膨らみ、アルコール臭がしたら発酵が過度に進んだ状態（＝過発酵）。旨みが抜けて酸味が出て、膨らみも弱くなります。このようになってしまったらピザソースやチーズなどをトッピングして焼き、ピザ風にして食べるのがおすすめ。

無理やり引っ張らず、カードで丁寧に剥がす。

Q3. フォカッチャ作りのとき、生地がうまくのびてくれません。

A3. 生地の半分くらいをカードにのせ、すくいあげてのばします。1回目ののばしてたたむ作業では、生地はまだゆるいためよくのびますが、回を重ねるごとに生地に弾力がつき、のびにくくなってきます。のびない生地を無理にのばそうとすると、せっかくつながったグルテンがちぎれて、傷ついてしまうので注意。生地がぷりんと弾力がついたら終了のサインです。

トルコアイスのようにのびるのは最初だけですのでご安心を！

Q4. ちぎりパンの生地がべたついてうまく丸められません。

A4. ホーローパンは一般的なパンよりも水分量が多めなので、べたつきやすいです。特に室温が高くなる夏場や、体温が高めの人が作ると生地がだれてベタつきやすくなります。作業は手早く行い、くっつく場合は手に水をつけながら行ったり、15分ずつ室温で休ませるときに、冷蔵庫で休ませて、生地をクールダウンさせるといいでしょう。

手が暖かい人は、氷水に指先をつけながら行うとよい。

Q5. 冷蔵庫で休ませないで、すぐ焼いて食べたい！

A5. ホーローパンは冷蔵庫でゆっくり発酵させる（＝冷蔵長時間発酵）ことで小麦に水がしみ込み、旨みや甘みが引き出され、誰でも失敗なくおいしいパンができる仕組み。この工程を省いてしまうとホーローパンのおいしさが半減してしまうので、あまりおすすめはしません。ただ、どうしても急いで焼きたい場合は、冷蔵庫で休ませるのを省き、室温またはオーブンの発酵機能（35℃）で様子を見ながら容器の8割の高さまで膨らんだら、焼いて食べることができます。

Q6. 冷蔵庫から出してすぐに焼いてはダメなの？

A6. 冷蔵庫から出してすぐに焼くと、中心部が冷たいため、パンがオーブンの中で膨らむ最後のひとのびができず、目の詰まった膨らみの悪いパンになります。急ぐ場合はオーブンの発酵機能（35℃設定）で30分ほど発酵させ、容器の8割まで膨らむのを待ってから焼きましょう。

《ホーロー入りパン生地》
さむいよ〜… / ふっくら！もう焼いていいよ！
before / after

Q7. 焼く前の生地は冷凍できますか？

A7. 焼く前の生地の冷凍はおすすめしません。なぜなら冷凍している間に酵母がうまく働かなくなったり、解凍するときにうまくいかずにベチャベチャになってしまうリスクがあるから。冷凍する場合は、必ず焼いてからにしましょう。生地の冷凍保存はできませんが、生地をチルド室で保存して時間を引き延ばすことはできます。たとえば翌日の朝、焼かないことが最初からわかっている場合は、生地をチルド室に入れておけば、24時間ほど長く保存しておくことが可能です。

Q8. カードはその都度洗った方がいいの？

A8. ホーローパン作りはのばしてたたむときに、カードが大活躍。ホーロー容器にこびりついた粉のかたまりなどもカードでこまめにはがして、きれいにしておくのが肝心です。こね始めから冷蔵庫で休ませるまで、カードは何回も使うので、洗う必要はありません。休ませるときに生地と一緒に容器の中に入れておけばOK。

容器の中に入れておけば、洗う必要なし！

Q9. 持っていく先でオーブンがない場合は？

A3. ホーローパンはオーブンで焼くのが大前提ですが、基本のちぎりパン（P.48～）は蒸しパンにすることができます。たとえば友だちの家に持って行って、焼きたてパンを振る舞いたいけど、そのお宅にオーブンがなかったら、蒸しパンにしてみては？ 中華風の蒸しパンのように、ふっくらもっちりした食感が楽しめます。チャーシューなどをサンドして食べても◎！

フライパンに焼く直前まで膨らんだ生地を入れ、容器が3cmほどひたる水を入れる。湯気がたったらふたをして中火で20～25分加熱。

ホーローパン保存と温め直し

保存

翌日まであれば、ホーロー容器に入れたまま、ポリ袋などに入れて室温で保存。

3日以上保存する場合は冷凍保存を。大きいものは1食分ずつに切り分けてラップし、ジッパーつき保存袋に入れて冷凍保存。2週間ほどで食べ切る。

温め直し

電子レンジで

基本のちぎりパン1/6個分の場合、凍ったまま皿に乗せ、600Wで30秒～1分ほどが目安。

トースターで

常温で保存したパンをトーストする場合、具がのっているものは焦げやすいので、アルミホイルをかぶせて焼くとよい。

フライパンで

フッ素樹脂加工のフライパンに油を入れずに凍ったままのパンを入れてふたをし、弱火で6～8分ほど加熱する。表面はさっくり、中はしっとり仕上がる。

ホーロー容器の**特徴**と**お手入れ**

ホーローの歴史は紀元前から。
調理だけでなくメリットがたくさん！

ホーロー（琺瑯）は、英語では enamel（エナメル）と呼ばれ、鉄やアルミニウムなどの金属素材の表面にガラス質の釉薬（ゆうやく）を高温で焼きつけたものです。その歴史は古く、古代エジプト時代から、ホーローの技術を使った装飾品や宗教器具などが作られていたといいます。日本では江戸時代末期に、仏具や装飾品ではない"鋳物琺瑯"が誕生し、のちに日本の家庭でおなじみのものになっていきました。

ホーロー製品のメリットは

1) 金属でできているので強度があり、熱伝導がよい
2) 直火、オーブン調理 OK
3) 保温性が高く、冷却性にも優れている
4) ガラスコーティングされているので容器に匂いがつきにくく、酸や塩分に強い
5) ガラス特有の美しい光沢と、色のバリエーションがある
6) 丈夫で汚れにくく、汚れが落ちやすい

このように調理道具、保存容器として高い実用性があるだけでなく、見た目もおしゃれなので近年人気が再熱しています。

●ホーローパンに適したホーロー容器の種類

この大きさがホーローパン作りに最適で失敗しない！

すべて縦17×横23.5×高さ5.5cm、容量1.6ℓ

富士ホーロー ハニーウェア クッカシリーズ 浅型角容器L（赤）

富士ホーロー ハニーウェア コンテシリーズ 浅型角容器L

富士ホーロー ハニーウェア クッカシリーズ 浅型角容器L（青）

いちごきっちん オリジナル・ホーロー容器

藤田裕子さんと富士ホーローが共同開発したオリジナル容器。側面に中身が書き込めるフレームをつけました。S、M、Lの3サイズ展開。

https://ichigokitchen.shop-pro.jp

● 普段のお手入れと注意点

落とさない、ぶつけない

中は金属ですが、表面はガラス質。かたいところに落としたり、ぶつけるとガラスにヒビが入ったり、はがれることもあります。

電子レンジ不可

ホーローは金属なので電子レンジ加熱はできません。温め直す場合は蒸し器で蒸すか、ホーロー容器から出して行いましょう。

汚れ落としはカードが便利

焦げつきはお湯につけ、汚れがふやけたところにカードでこそげ落とすか、洗剤をつけた目の粗いスポンジで洗います。

ガンコな汚れは重曹で

ガンコな焦げつきはお湯+重曹で30分ほどおくか、5分ほど沸騰させてから冷ますと、汚れがスルッと落ちます。

金属の調理器具は使わない

ガラスコーティングに傷がつくと、そこから腐食してしまいます。パンを切り分けるときは必ず容器から出して行いましょう。

● 富士ホーロー製品の特徴

透明なプラスチック製のふたなので、中が見やすい。生地の発酵の具合などもふたを外さずに一目瞭然。

エラストマー製のふたのフチがやわらかく、よく曲がるので開閉しやすく耐久性が高い。

● 富士琺瑯工業株式会社

1947年創業の国内最大級のホーロー製造メーカー。家庭用キッチン用品を中心に、自社製品はもとより、OEM製品（アパレル、インテリア、時計等）など幅広くホーロー製品の製造を手がけている。
本書で使っているホーロー容器はこちらで購入可能。
http://www.fujihoro.co.jp

パン作りの材料

粉類

強力粉

グルテンが豊富な、パンの主原料。本書では国産のはるゆたかブレンドを使用。

全粒粉

小麦を皮や胚芽がついたままひいた粉。製パン用には強力粉の全粒粉を使う。

ライ麦全粒粉

ライ麦を胚芽がついたままひいた粉。グルテンを形成しないため、のびない。

雑穀ミックス

米と合わせて炊く十八穀米ミックスを使用。ゆでてからパン生地に加える。

油脂類

オリーブオイル

オリーブの香りを楽しみたいフォカッチャに使用。エクストラバージンがおすすめ。

白ごま油

色や香りにクセがない、食材の風味が生きる圧搾一番搾りの白ごま油を使用。

菜種油

圧搾一番搾りの菜種油がおすすめ。香りがなく、合わせる食材を邪魔しない。

バター

製パン用には食塩不使用がおすすめ。常温でやわらかくして生地に加える。

砂糖類

きび砂糖

黒砂糖にくらべるとコクや風味は少ないが、ミネラル分や旨みを多く含む。

グラニュー糖

サラサラとした大きな結晶の、精製度の高い砂糖。クセのない甘さが特徴。

粉砂糖

グラニュー糖を粉砕した、パウダー状の砂糖。アイシングにしたり、仕上げにふりかけて使う。

黒砂糖

サトウキビの絞り汁をそのまま煮詰めた砂糖。独特の旨みがあり、製パン用には粉末状のものがよい。

あられ糖

グラニュー糖から作ったあられ状の砂糖。トッピングに使うとサクサクした食感が楽しめる。

調味料・スパイス

インスタントドライイースト

本書ではサフ社の赤を使用。ただしスーパーなどで入手しやすいものを使ってもOK。

粗塩

サラサラとした精製塩に比べ、しっとりとして、ミネラル分や旨みを多く含む。

糸唐辛子

唐辛子をせん切りにしたもの。韓国・中華食材売り場で手に入る。

塩麹

麹と塩を合わせた調味料。まろやかな塩気が、和食だけでなく洋食にも合う。

その他食材

シナモン

ニッキとも呼ばれる、樹皮から作る香辛料。りんごやレーズンと相性がよい。

カレー粉

ウコン、唐辛子、カイエンペッパーなどを合わせたミックススパイス。

クリームチーズ

生クリームから作られたフレッシュチーズ。チーズケーキの材料に欠かせない。

カマンベールチーズ

外側は白カビに覆われ、中はとろりとやわらかいナチュラルチーズ。

メープルフレーク メープルシュガーをフレーク状にしたもの。手軽にメープル味をつけられる。	クーベルチュールチョコ カカオバター含有量の多いチョコ。口どけが滑らかで、風味も豊か。フレークタイプを使用。	クーベルチュールチョコ（ホワイト） 砂糖、カカオバター、乳固形分が原料。パン生地に加えるならフレークタイプが◎。	マシュマロ  卵白、ゼラチン、砂糖が原料。焼くとキツネ色になって膨らみ、時間が経つとしぼむ。	抹茶 茶の湯で使う、パウダー状の粉茶。パン生地に混ぜる場合は水に溶いて、ペースト状にする。
フライドオニオン サラダなどのトッピングにする、玉ねぎを揚げたフレーク。ドレッシング売り場などで購入可。	紫いもパウダー 紫いもを焼いて、粉末にしたもの。パンやお菓子に加えると天然の美しい紫色が楽しめる。	スキムミルク 脱脂粉乳。パン生地に加えることでミルキーな風味を与え、口当たりもふんわりやわらかになる。	ナッツ類	ペカンナッツ くるみの一種。甘みが強く、渋みが少ないのが特徴で、ナッツの中では高カロリー。
くるみ 程よい苦味と香ばしさがあり、お菓子やパン作りに欠かせないナッツ。好みでローストして使う。	ケシの実 あんぱんのトッピングなどに使われる。ポピーシードとも言われ、ぷちぷちした食感が楽しめる。	ココナッツロング ココナッツの果肉を削って乾燥させたもの。パン生地などに加えると甘い香りが感じられる。	アーモンドプードル アーモンドを粉状にしたもの。本書では皮なしのものを使用。開封後は密閉し、冷蔵保存。	アーモンドスライス アーモンドを薄切りにしたもの。生のものを購入し、好みでローストして使うとよい。
ドライフルーツ類	いちじく 種のプチプチした食感が楽しめる。湯通しし、大きいものは半分〜4等分してから使う。	レーズンミックス 色や大きさの違うレーズンがミックスされ、異なる味が楽しめる。なければ単種でも可。	カレンズ レーズンの一種で、小粒で酸味が強い。湯通ししてから使う。	クランベリー ジューシーで甘酸っぱい風味と、きれいなルビー色が特徴。湯通ししてから使う。	フリーズドライいちご いちごをフリーズドライした粉末。生地に混ぜる場合はフレークタイプではなく、パウダーが◎。

食材はこちらで購入できます

- 富澤商店
  https://tomiz.com
- カルディ コーヒーファーム
  https://www.kaldi.co.jp
- cotta
  https://www.cotta.jp

🍓 **著者**

藤田裕子（ふじた ひろこ）

東京・練馬にて、魔法のホーローパン®と自家製天然酵母パン教室「いちごきっちん」を主宰。"家庭で再現できる本格パン"にこだわったレッスンには、数多くの有名ベーカリーシェフの元で学んだ技術とおいしさが凝縮されている。指導のきめ細やかさと軽快なトークが人気で、日本各地はもとより、海外からも受講生が集まっている。大手料理スタジオでの特別講師やホーロー料理家としてTV出演も多数。企業へのレシピ提供、イベント講師、富士ホーローアンバサダーなど幅広く活動中。

いちごきっちん　https://www.fujitahiroko.com/

※ホーローパン®は登録商標です。

● 調理アシスタント
和泉令子
小田久美子
加藤香苗
竹山仁愛
平間由美子

● 協力
UTUWA

● 撮影協力
富士ホーロー株式会社
住所：〒111-0052
　　　東京都台東区柳橋2-4-4
tel:03-3851-7241
URL:http://www.fujihoro.co.jp

企画・構成 ● 小沢映子
撮影 ● 佐藤 朗（フェリカスピコ）
装丁・本文デザイン ● 横田洋子
スタイリング ● 木村 遥
イラスト ● まつむらあきひろ
ライター・編集協力 ● 竹川有子
編集担当 ● 田丸智子（ナツメ出版企画）

まぜる・発酵・焼く　ぜんぶ容器ひとつでできる！
ホーローでつくるパンレシピ

2019年5月7日　初版発行
2019年6月20日　第2刷発行

著　者　藤田裕子　　　　　　　　　©Fujita Hiroko,2019
発行者　田村正隆

発行所　株式会社ナツメ社
　　　　東京都千代田区神田神保町1-52　ナツメ社ビル1F（〒101-0051）
　　　　電話　03（3291）1257（代表）　FAX　03（3291）5761
　　　　振替　00130-1-58661

制　作　ナツメ出版企画株式会社
　　　　東京都千代田区神田神保町1-52　ナツメ社ビル3F（〒101-0051）
　　　　電話　03（3295）3921（代表）

印刷所　図書印刷株式会社

ISBN978-4-8163-6644-4　　　　　　　　Printed in Japan

〈本書に関するお問い合わせは、上記、ナツメ出版企画株式会社までお願いいたします。〉
〈定価はカバーに表示してあります〉
〈落丁・乱丁本はお取り替えします〉
本書の一部または全部を著作権法で定められている範囲を超え、
ナツメ出版企画株式会社に無断で複写、複製、転載、データファイル化することを禁じます。

ナツメ社Webサイト
http://www.natsume.co.jp
書籍の最新情報（正誤情報を含む）は
ナツメ社Webサイトをご覧ください。